教育百樂達

林瑞景◎著

見證近半世紀台灣教育的雪泥鴻爪

目次

教育百樂達

第三輯 杏壇極短篇

第四輯 生活小品

第七輯 輔導參訪

第八輯 採訪報導

宋序

宋裕

我常想：如果當一位國語文老師，上課前能夠充分的用心備課；上課時逸趣橫生、循循善誘，讓台下的學生如坐春風，收穫滿心懷；下了課認真批改作業，有計畫地指導學生課外閱讀，提升語文表達能力。公餘之暇，還能舞文弄墨，把自己的教學心得、教育理念、生活感懷等，寫成文章，投稿發表。像這樣的國語文老師，諒必受人尊敬，令人欽羨。我的好朋友、共同編書的好同事林瑞景老師，不但是這樣，而且還數十年如一日。

前些日子，林老師拿了一大疊作品剪貼、目錄和自序文來到我的工作室，告訴我他要將這些作品集結出版新書，請我替他寫篇序文，商定書名。我以先睹為快的心情，閱讀幾篇文章後，覺得林老師的作品，幾乎都是從教學生活中激發出來的，反映出各階段、各年代不同的教育現象、教學問題和解決之道。文筆不但犀利，見解也頗精闢，值得細細品味。

這本書的寫作範圍很廣泛，可以說是林老師從事教育工作四十多年的心路歷程寫照。舉凡教學感懷、教育論述、生活小品、輔導參訪、讀書心得、教育文學，以及採訪報導等，五花八門，包羅萬象，真是令人眼界大開、目不暇給。再瞧瞧寫作內容，只要是學校教育可能發生的狀況，例如學校行政的良窳，課程安排的得失，青少年受教的權益，以及各種教育問題的探討，都在他的妙筆之下，展現無遺。所以，不但國語文老師需要人手一冊，以激勵自己在課餘之暇，也不忘動動腦、寫寫作，甚至於其他的行政人員及各科目的老師，也有借鏡的價值。因此，我建議書名定為「教育百樂達」。

我和林老師認識是在七年前，看到他的第一本著作《創意作文與新詩教寫》一書，覺得他的作文教學很特別、很有創意，教學設計靈活多樣，教學方法千變萬化，使學生喜歡上他的課，對作文產生莫大的興趣。愛因斯坦曾說：「興趣是最好的老師。」如果每一位國語文老師，都能把語文教學變成很有趣味的課程，保證學生的語文能力必可大大地提升。基於這個理由，我便透過萬卷樓圖書公司梁錦興總經理的介紹，認識了林老師。從此以後，我們合作編寫了《語文表達能力增強手冊》、《中學生常用成語1000則》、《語文能力增強手冊100回》，及《常用成語測驗題本》等書。最近三年多來，更合力編寫完成翰林國中國文課本。課本逐年推出後，都深受全國國中師生的肯定、愛用。如今，林老師又要出版新書，當然義不容辭地樂予作序。

前言

林瑞景

我的人生第一篇作文是在國小五年級的時候，題目是「我們的學校」。當時，國軍裝甲部隊駐紮在我們的學校，運動場四周都停滿了戰車，教室一大半被阿兵哥佔住。每到下課時間，我們便跑去和阿兵哥玩在一起，有時候還讓我們爬上戰車過一下開戰車的癮。作文課那天，我不知道哪來的靈感，心領神會地把這些場景寫入作文中。發作文簿時，老師說我的作文很特別，特地把我叫到台上唸給小朋友欣賞，大家聽後都給我掌聲。也許是受了這次的鼓勵，從此我就愛上了作文課。

記得那時候，男孩子的玩具是玻璃珠、酒瓶蓋、圓紙牌和陀螺。因為喜歡作文課，所以忍痛用整抽屜贏來的玻璃珠，和玩伴交換一本沒有封面封底的「模範作文」書，閱讀之後，如獲至寶，愛不釋手，我的作文從此如虎添翼，經常受到老師的誇獎。

讀屏東中學初中部時，學校圖書館長成什麼樣子，從來沒見過。為了過一點「作文」

的癮頭，只能利用下課時間，伸長脖子看「文化走廊」上所公布的報紙副刊。寒暑假時，我常跑到收破爛的資源回收場收集報紙的副刊，稱斤論兩的買回來閱讀。看到好文章、好故事還剪剪貼貼，時時拿出來回味欣賞。

考進屏東師範就讀後，第一年學校圖書室剛好設在我們教室隔壁，課餘之暇我幾乎是坐擁書城，大量閱讀。第二年已稍有名氣的兒童文學、小說家黃春明，轉學來和我同年級就讀，因為我倆志趣相投，很快就成了好朋友，因此受其影響，開啟了我對文藝寫作的心扉。當文思憋不住時，偶爾也會偷偷地寫作投稿，不過石沉大海的多，登出來的幾乎微乎其微。

民國四十七年（西元一九五八年）師範畢業，我被分發到山上的國小執教。在沒有電燈的漫漫長夜裡，常半夜醒來，思索白天的教學得失，和從報章雜誌上所看到的一些教育問題。有位作家曾說：「寂靜常使人產生靈感。」這句話一點也不假，在山上服務的一年半中，只要住在山上的夜晚，幾乎文思泉湧，靈感如電流，常電得我一躍而起，在蓄電池微弱的燈光下，寫作到天明。此時的作品，以兒童文學、教育論述居多，尤其國語日報的「山地教育週刊」，經常刊出我的文章，可惜這些作品，因搬家而散失。

一年半以後，我應聘進入屏師附小服務，因為寫作視野更寬廣，教學實務的互動更頻繁，所接觸的教育問題更辛辣。於是，從教學、閱讀與生活體驗中，所擦出來的靈感火花，也就越來越令人無法釋懷，只能藉著筆墨來宣洩。在附小十年期間，雖當了兩年兵，讀了兩年師專，但仍然沒忘記筆耕「格子田」，還完成了長篇童話《小白兔尋師記》（百盛文化民國89年出版）。

民國五十七年（西元一九六八年），是台灣教育史上劃時代的一年，由該年開始實施九年國民義務教育，把初級中學一律改為國民中學。是年我剛好通過台灣省中等教師檢定考試，應聘進入屏東市中正國中任教，同時兼任導師、訓育組長，後來還當了訓導主任。雖然工作、責任加重了，但對教育的體認，卻更為深邃，可資寫作的題材，也便多了起來，因此作品也就大量出爐。

民國七十年（西元一九八一年）間，屏東地區社區報紙——「屏東週刊」創刊，創辦人鍾振昇先生聘請我撰寫教育文化新聞；八十年，客家「六堆」雜誌總編輯鍾永發校長，邀請我撰稿，並專訪報導文化教育界有傑出表現的名人。這兩項工作使我的禿筆不敢偷懶，因而寫就了不算少的篇章，本書因篇幅的限制，只選錄部分刊載。

民國七十八年（西元一九八九年），我應聘擔任屏東縣國教輔導團國中國文科輔導員，使我服務的層面，由學生擴大到國文科同仁。為了使教學演示更生動，我把過去的教學經驗，教作文才藝班心得，結合「創造思考教學」的理論，整理出一系列的「創意作文教學」及「新詩創作教寫」等作文教學設計，應用在自己的授課班上、輔導學校，以及全省各縣市的研習會上，不但上課氣氛熱絡、有趣，而且成果奇佳，頗獲好評，因而成就了《創意作文與新詩教寫》、《創意作文批改範例》以及《超ㄅㄧㄤˋ創意作文與新詩教寫》（均由萬卷樓圖書公司出版）等三本暢銷著作。過去已經發表過而應用在這幾本書裡的作品，本書也就不再重複出現。

民國九十年（西元二〇〇一年）暑假，我從學校退休下來，隨即投入由宋裕老師主持下的翰林國中國文課本的編寫工作。課本編寫工程是件忙碌而艱鉅的工作，況且我還得每週南北奔波，更是累人（請參閱本書「課本編寫，甘苦相隨」）。如今，三年六冊的國文課本，以及相關的配套工具書籍，都相繼完成，普遍受到全國師生的愛用和讚賞，內心感到無比的欣慰。心喜之餘，利用此時空檔，把四十多年來的著作，挑選出部分較喜愛的作品匯集成冊，供愛護我的朋友分享。

我之所以推出此書，其目的在於想見證近半世紀來，台灣中小學教育的發展情形，以及問題所在，作為社會各界回顧和前瞻的參考。同時，也想給教育界同仁一個見證：在忙碌的教學生涯中，公餘之暇可以舞文弄墨，記錄自己的心情世界和思維看法，也是滿快樂愜意的一種擁有。

教育是一項對人類心靈輔導與改造的工作，其本身就充滿了不可預期，甚至於不可能的任務，如同陸游的詩句「山窮水盡疑無路，柳暗花明又一村」一樣，面對挑戰充滿變數。但是只要本著教育家的熱誠和愛心，宗教家的慈悲和用心，相信面對再桀驁難馴的孩子時，都會予以耐心的開導、拉拔，絕不會輕易放棄，屆時教育事業便可以心想事成，百事可樂達了。就像書中「使不可能變成可能」一文中的謝校長，他那不聽使喚的老邁雙腿，想要爬上一百多階梯的高處，簡直是不可能的任務，結果卻變成了可能。這是什麼力量促成的奇蹟，其道理和啟示很值得教育同仁深思。

感謝宋裕老師八年多來的提攜、萬卷樓圖書公司梁錦興總經理、編輯陳欣欣小姐的協助出版，更感謝內人余琇珠老師，三十多年來不厭其煩的收集、剪貼、整理我的作品，並在臨出版校對之餘，寫下有感而發的「後記」，使本書才得順利圓滿的出版。

寫於台北溫州街寓所　95.1.14

第一輯

教學感懷

牆裡牆外

兩年前，我胡裡胡塗的中檢及格。是年暑假，也胡裡胡塗的經一位同鄉介紹，順利的進入全縣規模最大、學生數最多的市區國中。最讓我做夢也沒想到的，校長先生不知看上了我哪一點，竟丟給我一張請我擔任訓育組長的聘書。就這樣，我便由小學躍進了小學同仁們認為「龍門」的中學。

可是兩年來，隨著時間的消逝，愈發使我懷念起小學教師的生活。說實在的，在我未進入中學任教時，我是多麼羨慕中學的教員；深切的盼望著有一天能脫離那些長年累月流著兩條鼻涕，待人擦拭的小蘿蔔頭，教一教比較懂事的大孩子，那該有多愜意啊！再也無須受小學校長的閒氣，享享無課可隨意下班的自由。如果再有親戚朋友問起我的職業時，我便無須再低著頭羞答答的說是「小學」教師；大可以昂起頭，從丹田中說出強而有力的「中學」教員。更可以嚐嚐小學教員始終無福消受的以鐘點計酬的鐘點費。

如今，我已經深深地從現實中體驗到，過去的天真想法，所換來的只不過是一場空歡喜和虛名而已。在精神上、興趣上的損失，實在不是這些所能補償。

拜讀了十二月十六日「國民教育」版張新安老師的〈國中教師的工作，不比國小教師輕鬆嗎？〉一文後，我對張老師一肚子的牢騷和不平，寄以無限同情，但也覺得大可不必。我未進國中任教前，也有像他那麼多的牢騷和不平。可是，現在回想起來，真是覺得好笑。

張老師是我過去的同事，也是我多年的好友，我不忍心讓他在已經夠苦的教書生活中，再加上這麼多牢騷及不平來折磨自己。所以，我想將自己在小學和中學的教書生活體驗，原原本本的提供出來，作為張老師以及羨慕中學教員的小學教師們的參考，消弭無須有的牢騷與不平。

九年國民義務教育正式實施以後，後三年雖然仍命名為「中學」，但是我們要了解，有很多教育措施，已經從過去的初中時代脫胎換骨，逐漸地和國民小學沒有兩樣。無論在教育目標上、學校性質上、學生來源上，以及課程內容上來看，我們大可以說：國民中學就是國民小學的延續，其任務沒有二致，其重要性沒有兩樣。因此，小學教師硬要把自己看成比中學教師低一級，那實在是庸人自擾，自尋煩惱了。

初中階段的三年，自從列入國民義務教育的範疇以後，國民中學和過去的初級中學時代，最顯著不同的地方，是學生的來源沒有選擇的自由，和學生應繳納的學費，減低到義務教育性質的程度。因為沒有選擇學生的自由，國民中學教師在施教時，和國民小學教師同樣遭受到相同的困難，但其應達成的任務卻更為艱鉅（增加職業陶冶）。這是一天到晚喊中小學教師待遇不公平如張老師者，所沒注意到的。因為學生的學費減低到幾乎相等於國小程度，所以目前國中教師除了拿相同於國小教師的薪津外，再也沒有額外的津貼、福利可享了。或許是張老師等念念不忘於過去的初級中學時代，那時的初中教師，工作的確「輕鬆」，待遇的確「優厚」，津貼的確「不少」。可是，現在是國民中學時代了，初級中學時代已成了歷史陳跡。

談到導師津貼和鐘點費，更令人寒心；凡是倒楣被校長先生拉差兼任導師的，無不叫苦連天。試想，一個月只七十元的導師津貼，除了幾乎花費所有無課時間的級務處理外，還有小學級任所沒有的，一個月多達兩百三十餘篇的週記需要批改。難怪，曾有導師在導師辦公室拍賣週記說：「以導師津貼七十元的代價，拍賣週記的批改，願幹的請舉手！」大家你看我，我看你，結果以哄然一聲苦笑結束。如果張老師想賺七十元的導師津貼，我倒樂意免費介紹。

因為國民中學的導師是個苦差事，所以目前國中無辦法（沒辦法找到比當教員好的差事）中有辦法的教員（可兼其他副業），都不願兼任導師或行政工作。這是由於必須每天從七點左右便要到校，由輔導早自修，一直到下午的課外運動完後，才能離校。以我在國小、國中的經驗來看，其工作量不但不遜於國小，而且國中生比國小更難管教得好。這實在不是未親自管教過國中生的張老師所能體會得出的。因此，各國中校長為了加強導師制度，健全行政工作，不能不提高導師、組長、主任的地位。提高地位的最佳方法，目前除了給他們多排幾節課，多拿一點點鐘點費外，則別無他途。所以市區國中校長極力向教育局爭取少派幾位教員，留下少許兼課鐘點。偏遠的則利用聘不足的教員鐘點，來拉攏補貼下鄉上山的辛勞。所以，國中的鐘點費才應運而生。但是，因為國中課程標準新增加了「指導活動」、「職業簡介」、「職業選修」等科目。因此，在比照過去初級中學二・○的編制下，每位國中教師應授課時數，便水漲船高地增加二至四節。一般說來，導師由每週十六節，提高到十八節；專任教員由二十節，增加到二十二節至二十四節（學術二十二節，技能科二十四節）。未聘足的教員鐘點卻只算十八節，所以由過去每節二十五、六元的鐘點費，現在已降到二〇元左右。況且，一個老師分不到幾節可兼，因此，鐘點費已經不被重視了。

現在的國民中學課程，項目繁多，尤多創新的課程。教育當局在目前無法大量培養專才教師前，一般的國中，要教師擔任的課程通常在三科以上。而且為了能使教員間作教學上作競爭，以安排同科不同年級為多。例如，我除了兼任組長、導師（義務職）外，還擔任一班三年級國文，四班體育，和規定必須擔任自己班上的指導活動、公民與道德、童子軍等課程。雖然合計只授十八節課，但課前要準備的教材，幾乎花去相同的時間，每每尚覺得自己課前準備不夠。因此，每天都存有怕上課的感覺；尤其是上到那些教非所學，毫無興趣的童子軍、指導活動等科目時，上教室比上斷頭台還難受。國中教師果真如像張老師說的「課前準備不過一科」，那該是件大喜事了，工作才的確是輕鬆多了。可惜，目前的國中教師，大多數沒那麼好命。

自從我進入國中任教後，因為教育法規有一項極不合理，如同記過降級似的年資折算法，把我從薦任十一級降到委任四級，不僅薪給少領了不少，而且組長特支費也不能支領。所以，雖然一個月有五、六百元的鐘點費可領，不過用來貼補上項損失，所剩便無幾了。

金錢上的報酬多少，我並不太放在心上；只是個人的時間、精神和愛好的損失，卻令我耿耿於懷。以前在國小時，擔任高年級級任，工作雖繁重，但每天總可以找出幾節空堂，來閱覽報紙、雜誌；放學後，則全屬於我個人的時間，讀書、寫作、打球，任憑我個人隨心所欲。如今，一天二十四小時，除了睡覺、吃飯外，全部時間、精力用在公事處理、上課、教材準備、和學生生活輔導上，都猶覺不足。有時候，實在忙不過來時，就勞動內人幫忙。

最近幾期的「國民教育」版，不斷的刊出有關國中、國小工作誰重的爭論，有些還作人身攻擊，每次看完後，常覺得很不是味道。我總覺得：教育是件良心事業，教學的工作是沒有輕重之分的；拿出良心好好幹，便有做不完的工作；如果一天到晚念著工作繁重、待遇太差，不太甘心情願的幹，那麼繁重的任務，也變為輕鬆了。寄語國中、小學教師，別再互挖瘡疤了，相信全國上下沒人不知道中小學教師的工作繁重。我們應做的是好好的各自站穩工作崗位，貢獻一己的力量，然後同心協力的爭取我們應享的權利，這才是正途。

我覺得「中檢」好比是一道牆。爬不進去的人，始終幻想著牆裡的人，是多麼多麼好；已經爬進去的人，卻大失所望，覺得牆內生活並不如在牆外時所想的那麼美好，愈發懷念起過去牆外的生活。我常常想：如果中國的民情、社會，對於「離婚」的看法，能進步到像歐美各國一樣淡然，說真的，我這輩子雖不會和太太離婚，但可能會爬回牆外，回到國小重做馮婦。

（國語日報　「國民教育」版　59. 1. 27）

標語文學化

五月十日，小女就讀的國中舉辦運動會。這是她盼望已久的日子，而且又是她班上擔任大會舞表演，所以纏著我，一定要我去參觀。「兒」命難違，我只得「推辭不如從命」。

新開闢的校門，設計新穎大方，校舍油漆得很壯觀，色調柔和雅致；運動會場布置得熱鬧非凡，真像是辦一件大喜事似的，令人看了，有一股喜氣洋洋的感覺。

開幕典禮還沒開始，小女帶著我參觀她們的校園，偌大的庭院，遍植了椰林榕樹，櫛比整齊。草皮花圃是以幾何圖形砌成，圃中還種了許多龍柏、變葉木等，紅花綠葉，蒼榕翠柏，使人進入其間，頓有心曠神怡、悅情爽目之感。

忽然，眼睛一亮，前面木牌上寫著扣人心弦的句子，映入眼底，使人讀之心動。

——校園遍地是花草，還得請你去愛它。

「小玫！這是甚麼？」

「是提醒同學愛護花木草皮的標語牌。」

「這麼好的語句，是誰想出來的？」

「是我們同學。」

「真的？」

「媽！您怎麼這樣小看我們？」

「那妳說說看！」

「我們校長很喜歡花草樹木，所以一年來買了很多的草皮和樹苗，準備把校園綠化成公園。雖然過去放置了許多『請愛護花草』的標語牌，但是還是有許多同學，沒有養成好習慣。因此校長忽然靈機一動，向全校同學徵求標語。一來喚起大家的注意，二來可以使標語文學化。結果應徵的很多，大約選用了二十多條，寫在工藝老師匠心設計的標語牌上。……媽！您看前面還有兩句。」

——一份愛心，讓它站得更牢；一桶溫情，使它活得更好。

——郁郁菁菁，可遠觀，而不可褻玩焉。

「像這些富有文藝氣息的標語，妳覺得如何？」

「因為它們美得像首詩，所以我每次路過，就會用心地念起來。」

「妳背幾句看看！」

——青枝嫩芽，要你憐它惜它。

——天有好生之德，而我有物與之性。

——一份仁愛，萬物同春。

——小心走，別碰傷了我。

——愛護花木，受人敬；踐踏草地，惹人厭。

——踩花草，如踩你的人格；愛樹木，如愛你的生命。

——宇宙創造自然；我們就要美化自然。

「好了，妳背得很好，小玫！我想知道豎立了這些標語之後，同學們還有沒有踏草皮、採花木的？」

「我想大概是沒有了；因為校長最近不再在朝會時候罵同學不愛花木草皮了。」

「對！這樣才像話。有這樣美的標語提醒大家，如果還不曉得愛護花木，那簡直是野蠻民族！」

「不來了，媽又在罵人了。」每次小玫不聽教導時，我喜歡用「野蠻民族」激她就範。

「好了，同學們都在集合了，妳還是回班上去吧！媽在這兒看你們表演。」

她走後，那些文學化的標語吸引著我，久久捨不得離去。

（國語日報「家庭」版 64.6.8）

請把課外活動時間還給孩子

每到夕陽西下，全校師生舉行完了降旗典禮之後，三年級的同學就急急忙忙地跑步進教室，亮起了日光燈，繼續每天一小時的所謂「與升學及疲勞搏鬥」的課業輔導課。一、二年級的同學，也行色匆匆地騎上鐵車，快馬加鞭地衝到老師的家裡去，開闢一場「與分數搏鬥」的戰爭——家庭補習。偌大的校園和運動場，就像舉行防空演習時，全校師生通通疏散避難一樣的空無一人。此景此情，令人看了，有無限的感慨和憐惜。覺得這樣廣闊的運動場和清爽的黃昏時辰，竟沒有人出來活動筋骨，實在可惜。也覺得這一群天真無邪的國中學生，他們犯了甚麼錯，在他們該玩兒的時候不准他們盡情的玩兒，要他們天天如此受罪？因而更令我懷念起二十多年前在屏東中學讀書時候，那一段降旗後完全屬於自己的生活往事。

二十多年前，升學競爭雖然不像現在這麼樣的劇烈，但是在南台灣的屏東中學，也是升學率高的一個學校。學校的許多措施，大都是以升學為前題，所以同學的功課也很緊張，成績競爭也很厲害，可是學校對於降旗以後的時間，並不硬性規定要用來做甚麼，完全由同學自己支配。

當時，學校對於降旗以後的一小時，定名為「課外運動時間」，同學可以憑學生證向體育器材室借自己喜歡的運動器材，個別練習或組隊比賽，悉聽同學的自由，體育組不加干涉。因此，每到降旗完畢，全校每一個可以運動的角落，都有同學活躍；每一個在運動場上活動的同學，個個都是汗流浹背。那一幅興高采烈、生龍活虎的畫面，旁人看了會以為這是一個體育專科學校，怎麼也不會相信它是全省升學率最高的十個高中之一。

因為體育課是全班同學的體育活動時間，也是體育通才的教學。因此，專才跟校隊的訓練，就很自然的落在課外運動時間裡。所以每天課外運動時間一到，各種運動項目也有指導老師參加活動，從旁指導。學校為了提倡同學的正當休閒活動，並提高同學的體育水準。每次期考月考完畢以後，都會安排班級的球類競賽，在課外運動時間舉行，由學有專長的同學擔任裁判。因為這種體育風氣的養成，不但使班際的體育運動競爭劇烈，而且在無形中養成了班級的團隊精神，連學業競賽也沒有一個班級肯落人後的。因而形成了一股青年人的蓬勃朝氣，和爭取榮譽的強烈信念。所以當時的各種校際比賽，幾乎都是屏中獲得優勝。筆者現有的高大身材，和對於各種運動所以發生興趣，可以說應該是當時打下來的基礎。

目前各國中校長，以及望子成龍、望女成鳳的家長們，多少都有偏差的觀念，總認為體育運動和升學考試是水火不相容的。他們以為一個準備升學的學生，在運動場上多花一分鐘，便會減少一分升學的希望似的。殊不知青年人過剩的精力，不藉著運動發洩出來，不但心神得不到舒暢，意志也無法集中的。而且因為長久的費神用腦，心志抑鬱，讀書效果反而大打折扣。所以，筆者覺得目前各國中一味的主張「讀書，再讀書！」「補習，再補習！」而不讓青少年利用課餘之暇參加各項活動，是一種很不聰明的作法。尤其是降旗以後，每一個學生全身已經裝滿了疲乏之際，還要強迫學生上一小時的課外輔導課，或勉強要他們拖著疲乏的身體，到老師家補習一兩小時，這實在可以說是幾近殘忍的作法，其效果之有無，任何人都可以想像得到的。

因此，筆者要呼籲各國中的校長，以及賢明的家長們，請你們高抬貴手，放無辜的孩子們一馬，把降旗以後的「課外運動時間」還給孩子們，讓他們自由自在的活動筋骨，鍛鍊體魄。

（國語日報　「體育」版　64.2.3）

不如實際協助

台灣省教育廳最近分函指示各級學校，儘量擴充運動場地，改進器材設備，力求合乎標準。教育廳更進一步指出：「各校體育器材設備不符標準，或不及最低標準者，應擬訂擴充計畫，逐年改進；凡無體育館及防雨操場設備者，應設法設置體育特別教室，供雨天使用，並逐年建築健身房，以利各種體育教學。」

筆者看了教育廳這項指示，頗有感觸，想一吐為快。

坦白說，體育是花錢的活動；學校的體育活動，既要花大錢，還要吃力不討好，大部分的校長都把體育看成可有可無的活動。一般人都認為，體育就是運動，體育課就是讓學生活動筋骨、蹦蹦跳跳的課，是其他學科的「調劑課」。因為這種偏差觀念的影響，學校對於運動場地的擴建和體育器材的設備，總認為是無謂的浪費。更遺憾的，在校長、同事、跟家長的心目中，體育教師並沒受到應有的尊重。

目前各級學校的運動場地以及器材，除了幾個大專院校略具規模以外，其他學校距離標準實在太遠。造成這種現象，除了經費不充裕以外，最大的原因是運動場地的擴充或增建所需要的經費龐大，而一旦工程完成以後，又不能像其他的「美化」或「綠化」工程，令人注目，讓人讚賞。各學校即使有經費，也不願花在這種不令人注目讚賞的工程上。因此，運動場地的擴充和體育器材設備的增置，通常是學校建設計畫項目當中最長遠、最緩慢的工程之一，也是最不被重視、最無人關心的一件事。

筆者目前服務的國中，建校十多年了，學生四千多人，但是真正可以給學生活動的運動場地，只有一個擁有三百公尺跑道，地勢不很平坦的黃土沙石操場。這個場地看起來其貌不揚，卻非常管用；一天之中，除了早上第一、第二兩節課以外，其餘的時間都擠滿了學生：升旗、降旗、週會、體育課、課外活動、聯課活動以及各項競賽等，都在操場舉行。如此管用的操場，應該整理得很完善才對。事實上它不但地勢低窪，一點兒排水系統也沒有，全年幾乎有三分之一時間，不是變成養魚池，就是爛泥塘；不下雨的乾燥時期，它又是風沙滾滾，熱焰逼人。所以全校師生，每次遇到下雨天或是頂著大太陽的時候，人人打心裡渴望有一座體育館或游泳池，再不然，最起碼也該有一小間體育特別教室，或是四根柱子搭起來的「克難康樂室」，來避避風雨或大太陽。可是，十多年啦，它還是老樣子。

去年下半年以後，教育廳大力推動教育革新工作，令人有耳目一新之感。就拿這一次為發展體育教學的指令來說，實在是經過深思熟慮，很有見地的好構想。只是，這項指令的約束力有多大？能發生多少作用？不免令人懷疑。因為這項指令仍然犯了過去的毛病：只管建議，不管執行。表面上是一道指令，要學校單位做到。但是函裡所用的「儘量」、「力求」這些伸縮性頗大的字眼兒，卻給陽奉陰違的學校一個可做可不做，可多做也可少做的藉口。筆者覺得，一個上級機關下達指令以前，先要考慮這項指令有無價值？是否可行？答案如果肯定，指令措詞就必須斬釘截鐵，不要模稜兩可，而且一定要詳列辦法，明訂進度與成效標準，附列追蹤、考核與獎懲規定。如此，命令才能貫徹，受命機關才能認真執行。

就以我們學校來說，據筆者所知，現任校長視事以後，兩三年來，計畫徹底整修操場，建築排水系統，增設各種運動場地，添購各種體育器材。可是地皮不夠用，經費成問題。

所以，筆者以為，發展全民體育是一個很正確的方針，可是學校推展這項工作所需要的龐大經費預算，實在不是地方政府或學校本身所能負擔的。如果教育廳或教育部能籌措「發展體育基金」，長期無息貸給學校興建體育設備，或以三對等方式補助學校擴充運動場所，並代為接洽工兵單位支援學校開闢運動場地，這些實際的協助行動，相信要比一紙指令來得有效。

（國語日報「體育」版 64.5.5）

注意逆流！

前兩年，屏東汽車客運公司為了響應謝主席提倡的「適合東方人體型的桌球運動」，特別捐出鉅款，購買了一大批桌球運動器材（包括桌子、網子和球等）贈送屏東各中等學校，以期全面推展桌球運動風氣。

可惜，這種工商界支持全民體育的具體表現，部分學校竟然不知道善用而辜負了盛意：它們找出一大堆理由，把這些器材束之高閣，不讓師生使用。

「體育競賽重在參加，不在求勝。」這是人人都知道的最起碼的運動精神。但是，目前在體育圈內，正有一股違反這種精神的逆流在滋長，嚴重戕害了全民體育的發展。

這股逆流是怎麼樣形成的？體育競賽要派人參加，競賽期間吃、住、交通都要花錢。部分地方機關首長眼光淺短，觀念不清，以為這是「無謂浪費」，利用各種集會，或明或暗地來打擊各種體育競賽。比如聯合其他機關首長，少派運動員參加，只作象徵性的交差了事；甚至於不派選手參加，上級追究起來，「法不責眾」，誰能奈我何？例如今年屏東縣公立中小學教職員聯合運動會，某校起初選派二十多位教職員參加，後來聽說鄰近某校只派十幾名選手，算盤一打，認為「吃虧」太大，這位校長立刻下令「裁員」，向某校看齊。可是陰錯陽差，被削去的男子排球仍被大會排上賽程，臨賽之前只好到處拉角兒，不管是男是女，大會有無註冊，湊合六人出場比賽交差了事。弄得糾紛迭起，笑話百出，站在旁邊加油的校長，還沾沾自喜，以為「又替學校省了一筆經費」。

以上雖然是兩件「小事」，但其影響卻很深遠。如果讓它蔓延下去，今後工商界協助學校推展體育活動的興趣，將會逐漸減少；各地方體育競賽的選手也將一次比一次減少，競賽成績自然會「王小二過年，一年不如一年」。主管教育的行政機關，恐怕得想想辦法阻止啦！

（國語日報「體育」版 64.6.2）

不安全的地方

教書近二十年，學校裡學生所發生的大小危險事情看了不少，因此每天一走進學校，就開始留心學生安全問題。尤其對許多不大安全的地方，我特別謹慎小心，不敢疏忽，唯恐「一疏忽成千古恨」。據我的經驗，學生不安全的地方有下列幾個地方：

⑴保健室：照理說，學校的保健室該是保護學生安全，維護學生健康的好地方。其實不然，因為學校受到不合理的人事法規限制，結果保健室裡沒有專任駐校醫師，也沒有學有專長的護士。通常都是由課務繁忙的老師充當「看護士」，或者頂多請一位「外行小姐」充任「蒙古大夫」來把脈，急病一來，就束手無策。如果再不曉得緊急處理或送醫，只當成感冒、肚痛等小病，讓學生躺在床上休息，說不定學生生命都難「保健」了。我常想：一年三百六十五天，日子不算短，學校這麼大，學生這麼多，如果有一天對一個學生看錯了，說不定會出危險，所以保健室的現狀是要改進的。

⑵馬路上：學生每天上下學在馬路上的危險狀況讓人看了心跳加快，所以做家長和老

師的，要教一套在馬路上安全「法寶」給孩子。每天放學時，老師別忘了提醒學生注意「交通安全」。上學時家長也別忘了叮嚀孩子「路上小心」。讓孩子明白「馬路如虎口」、「生命很寶貴」的真諦。

(3)海濱、河裡：每年的暑期，河水、海水不知要招走多少年輕生命。因此每到這時，老師、家長就要設法讓孩子了解「水性」，警告他們「河（海）水無情」。想游水的，一定要讓大人知道，並結伴到公設的游泳池去游。郊遊時，最好不要下水。若一定要玩水，只能在安全地帶，限於「捲起褲管」的玩法，才算安全。去年青年節前後，屏東某國中在東港海濱失去四條生命，就是因為師生脫下衣褲下海游水的緣故。

(4)運動場上：運動的目的在強健身體，體育的目的在充實生命。所以學生一到運動場，就要切記在「有規律」的運動下來充實生命，鍛鍊體魄，只有在指導和保護下運動，才不會出危險。劇烈的運動，要顧慮到學生生理上是否能夠負荷。用「罰跑運動場」來代替懲罰是很危險的，萬一被罰跑的學生中，有心臟病或痼疾的，那麼就可能出危險。

(5)氣頭上處罰學生：做老師的在氣頭上處罰學生是很危險的事，在學校裡有許多糾紛和賠償，常發生於老師在氣頭上處罰學生。奉勸老師在生氣要打學生的時候，先克制自己幾秒鐘，幾秒鐘過後認為這個學生還是該打時，再打，就不會出「大事」了。

(6)惡補下：學校課後補習太晚回家，或者放學後到老師家補習，也會發生危險。因為現在政府還沒對補習開禁，都是偷偷摸摸行事，危險便出在這裡。台北木柵命案和高雄市一國中學生到老師家補習後死於車禍等情事，都是惡補下的產物。為人父母、老師的，為了孩子的安全，還是多加小心為是。

（國語日報「家庭」版 64. 4. 22）

升降國旗時看不到國旗

我家讀國中的杰星一踏進門，便怒氣沖沖地說：「氣死了！報紙上每天都登著別人怎樣愛護國旗，如何尊敬國旗；而我們卻快整整一年了，每天升降旗都看不到國旗。真是窩囊！」

「看不到國旗，怎麼向國旗敬禮？」我詫異的問他。

「向教室的牆壁、屋頂敬禮呀！」

「說說看，到底是怎麼一回事？」

「我們學校大操場，設在學校的西邊，升旗台也就建在靠圍牆的角落上。因為操場地勢低窪，排水不良，只要下一點小雨，操場就變成了泥巴地。所以上學期因逢到雨季，幾乎全學期沒在操場升旗。這學期學校說要整修操場，因此升降旗集合地點，便改在四周被三層樓房團團圍住的中庭舉行。」

「在中庭豎立一個臨時旗桿，不就得了嗎？」

「說得也是呀！可是，學校卻偏偏不肯。」

「為甚麼？」

「最近幾個月，各學校、各機關都在發起『愛護國旗』運動，以表現出國民應有的愛國心。我們班上每個人都深受感動，因此，大家都覺得：響應『愛護國旗』運動第一個要做的，便是想辦法讓全校四千多位師生，每天升降旗都能看到國旗，並且能恭敬的向國旗敬禮。所以我們便在班會上，以臨時動議的方式，請學校在中庭設立國旗桿。可惜，一直沒有下文。」

「也許學校沒有注意到你們的班會紀錄。你們可以要求班導師，利用開會時轉請學校設立旗桿。」

「有的。今天導師告訴我們，他曾利用校務會議時，以臨時動議的方式提出建議。可是校長卻回答說，一個學校有兩個升旗台不太合適，何況升降旗不一定要看見國旗，在樂隊奏起國旗歌時，大家心裡想著國旗便行了。」

「說不定學校有它不得已的苦衷，既然看不到國旗也就算了，何必生這麼大的氣呢！」

「爸！每當看到別人在升降旗典禮上，能夠注視著國旗冉冉上升，何獨我們不可以？我常想：學校到底有沒有權力來剝削我們這種想看到國旗的權利？每當氣不過時，我真想衝出隊伍，跑到看得見國旗的地方，向國旗痛快的敬個禮以後才歸隊。」

我真想不通，如果孩子就讀的學校校長說的是真理——「升旗時，不一定要看見國旗，大家心中想著國旗便行了。」那麼，台北總統府每天準八時，要舉行最隆重、莊嚴的升旗典禮，全國各機關學校，凡是要升旗的地方，屆時面向總統府，心中想著有一面國旗在心裡便行了，那又何必再花那麼多的經費，製作國旗，設立升旗台呢？

（國語日報「國民教育」版 67.1.24）

灰色的母親節

母親節是一個非常富有感性的日子，每一個人的心目中，不管大大小小、老老少少，只要想到這個節日，便會有一股溫馨湧上心頭。

但是，很遺憾的，在今年的母親節，××縣各中小學，有不少的學校，都籠罩在不平與哀怨的氣氛裡。

五月一日下午，市區各學校校長室的電話鈴陸續大作。

「喂！××國小（中），您好。」

「×校長在嗎？」

「請問是哪兒打來的？」

「縣議會，×議員。」聽起來是女人的聲音。

校長恭敬地拿起電話：「×議員，您好，請問有何指教？」

「母親節快到了，貴校康乃馨花材買了沒有？」

「怎麼樣？有沒有需要小弟效勞的地方？」

「我想請校長幫忙，今年買我的花材好嗎？」

「那當然，沒問題，沒問題！」

「那就謝了。明天我請人照貴校報教育局的人數送過去了。」

第二天一大早，縣議會的職員，便開著議會專車運來了一包包的花材。看看帳單，每份十元。再取出一小包「半成品」的材料，比起合作社商人寄賣的七元貨色，略有遜色，還少了一小張「祝福卡」。看過的老師，沒有不搖搖頭、咬牙切齒的。

校長臨時召集全校級任老師開會，再三的拜託老師再幫一次忙，因為這對學校的「前（錢）途」有莫大的關係。

級任老師提著大包包回到班上，向全班學生說：

「母親節快到了，大家要做一個孝順的孩子。大家說看看，要怎樣做才是孝順的好孩子？」

「聽媽媽的話，幫媽媽做家事。」

「做一朵康乃馨送給媽媽。」

……

「對！大家都答得很好。明天大家就來做一朵康乃馨送給親愛的母親。每人要繳十元的材料費，連上次教育局規定每位小朋友都要買的《母親的叮嚀》十六元（定價也是十六元），總共二十六元，明天要記得帶來喔！」

放學了，幾位老師並肩走出校門。

「我今天心中真『毛』，居然也做了壓榨孩子的『雞婆』，好不甘心啊！」

「我也是。真想不通，能當上民意代表，在地方上起碼也是有頭有臉的人物，為什麼會狠心地把民族幼苗當成搖錢樹？」

「督學、校長大人，一再的要我們當老師的；上勞作課不准用半成品，不准向學生推銷書刊。今天，大人們不但食言而肥，而且唯利是圖。」

「好了！你們只不過當了一次雞婆，牢騷就這麼多！想想我，才窩囊。不但當雞婆，而且還幫著『壞人』害自己呢！」大家驚奇地看著她，等她說下去。

「我家有四個孩子，兩個在國小，兩個在國中。家中要買四朵康乃馨，四本《母親的叮嚀》。我正在想：今年的母親節，我這個做母親的，可要擺個地攤，廉價出售康乃馨和《母親的叮嚀》，來貼補一些損失了。」

「哈！哈！……」大家無奈的聳聳肩，訕笑中各自回家，準備過一個灰色的母親節。

（民眾日報 74.5.10）

早晨到校的問題

五十六年九月二日，台灣省國民學校配合實施九年國民教育應行改進事項，各項實施要點中有一項「各校每日作息時間，不得規定學童於上午七時半前到校，下午五時後放學。」各縣市教育科局有鑒於過去國校教師，利用早晨惡補的猖獗，心有餘悸。於是，強令規定各國校不得讓學童在七時半前到學校，並指派督學隨時巡查。有些學校為了避免督學的指責和囉嗦，想不到做得更絕，學校大門在七時半前，乾脆不開，任由早到的學童，在校門口嬉戲奔跑。

教育廳的這項指令，實在值得商榷，各縣市教育科局以及各國校的此種作法，更值得研討改進。大家都曉得，目前本省各國校的校門，大多數都是設置於交通方便，車輛眾多的大馬路邊。每天學童的上學放學的安全，都很成問題，如今，再加上一條不近情理的規定，把七點半前到校的學童拒諸校門之外，在馬路上任其嬉遊，無人照料，委實是一件很危險的事。如果一旦發生意外，真不知道這項責任該由誰來負？

我很了解教育當局所以訂定此規定，無非是想徹底根除惡補，其用意很好。只是沒有顧慮到工業社會的現在，有許多必須早出晚歸，出外謀生的家庭，早晨上工或上班時，其子女必須同時離家，否則在家無人照料。另有些家境清寒的子女，在家無讀書環境，想利用學校環境作早自修的學童，也大有人在。像這類必須早到校的學童，我們能拒諸校門之外，不顧其生命安全嗎？自從學校宣布七時半以後，才能到校的規定後，早晨七時到八時中間，大街小巷，都可發現小學生在閒蕩。有的把書包丟在一邊，三五成群的玩橡皮圈、玻璃珠、紙牌等賭博遊戲；有的蹲在出租書攤的角落裡，埋頭苦讀漫畫書。過去，早晨上學的緊張勁兒，早已不復存在；現在，所能看到的，只是懶散悠閒、無精打采的小國民。

因此，我認為教育當局和各國民學校，要以協助家庭、保護學童安全、養成學童早讀習慣為重，斷不可因為過去有部分學校利用早晨惡補，而置學童的正常教育和安全於不顧，那不就是等於「因噎廢食」了。何況，自從宣布今秋開始全面實施九年國民義務教育後，國校已無施「補」的必要。即使想補，也沒有可補的對象了。所以，我覺得教育當局沒有訂定「國校兒童不得七時半前到校」的必要，這項規定反而助成了國校教師的服務情緒，更為低落。

上面我個人的看法，並不是說我希望各國校，鼓勵學童儘早到校。只要家中有讀書環境，並有家長或是兄姊指導的學童，最好在家早讀，相信效果比在學校早自修為佳。至於必須早到校的學童，學校應該大開校門，讓他們進來，並切實實行目前各國校所採用的「導護輪流」制度。凡是輪到導護的教師，應該早一點到校執行任務，重視學生早讀風氣的養成。那麼，早晨到校的問題，便無須再為學童的安全和正常教育，而牽腸掛肚了。

（台灣教育月刊　第207期　57.3.20）

畢業典禮與警察

各國民中學的畢業典禮，已經在六月廿七日同一天舉行完畢了。

今年的畢業典禮，屏東地區和以往最不相同的地方，我想該是各國中校門口，多了二、三位穿著制服、配備整齊的警察在站崗。

據說，過去市區西邊及鄉下地方的國中，在畢業典禮後，經常發生尋兇鬥狠、打群架、毆老師的校園暴力事件，所以每到畢業典禮時，都要商請當地警察局派員警到校坐鎮。

曾幾何時，「殺」風東漸，這種暴力事件，逐漸蔓延到其他國中，發展到今天，已經變成了警察「不請自來」的地步。

猶記得二十多年前，還在師範學校就讀時，禮堂的牆壁上，掛有一則標語：開辦一所學校，等於關閉一間監獄。由這則標語看來，學校辦學的宗旨，教師從事教育工作的職責，也就不講自明了。

警察先生到校幫忙維持畢業典禮秩序，往好的方面解釋，這是警察與學校打成一片，共同為社會治安奉獻心力。但是，從另一個層面來想，這不能不承認是學校教育的失敗，失敗到學生畢業離校時，還得勞動警察幫忙，把畢業生送出校門。

我常想：一個十一、二歲的孩子，真是可塑性還很強的時期，由小學送進了國中，學校的老師們，只要有心播下「仁愛」的種子，用「愛心」勤予灌溉，經過三年的耐心調教、塑造，雖然不可能人人都成為王永慶，但最起碼也不至於在離情依依，最需要手帕擦拭眼淚的畢業典禮上，還會想拿刀動槍，用拳頭去打群架、毆師長了。

站在一個教育工作者的立場來想：警察到校坐鎮，畢業典禮才能行禮如儀，這現象實在不是件光榮的事。從事教育工作者，真有需要三思惕勵了。

（民眾日報　75.7.7）

福利社學校髒亂之瘤

今早起來，我家上國中一年級的老大英兒，皺著眉頭說肚子不舒服。不但早飯沒吃，連中飯也不帶了。臨走時，向我要了十塊錢，準備在學校福利社隨便吃兩碗米粉。

英兒走後，我越想越覺得不對勁兒。因為英兒上學這麼久了，不曾叫過肚子不好，難道是昨天吃壞了不成？但是，仔細想一想，這又很不可能。因為我家孩子一向沒有要錢買零食的習慣，在家裡吃東西也都是謹慎小心的。

中午我實在放心不下，就做了一份英兒喜歡吃的飯糰，騎上機車，帶著小女，直奔英兒就讀的國中。

到了學校，距離下課還有幾分鐘，校門口內外，已經站滿了送飯的家長，家長們騎來的車子，加上包飯中心的兩部中型貨車，已經把廣場塞滿了。這種零亂的樣子，真有點兒像我剛才來校時，半路上所看到的收破爛的市場一樣。

停好車，正準備到福利社門口等英兒的時候，英兒的導師陳老師迎面而來。

「林太太，您今天怎麼送飯呢？」

「正英早上起來說肚子不舒服，沒帶午飯。」

「對了，早晨我上課時，正英臉色是有點兒不對。我問他哪裡不舒服，他搖搖頭不肯說。我也就沒有再問下去。」

「謝謝老師的關照。好久沒來了，學校好像變了很多。」

「是的，的確變了不少。」

「是不是要開校運會了？」

「不！校運會還早呢！聽說省主席再過兩三天要到屏東來召開消除髒亂座談會，我們校長認為省主席會到學校來視察，所以才大大的準備一番。」

「噢，原來如此，難怪校舍、環境，粉刷修建得這麼漂亮，每間教室內外還擺了許多盆景。這麼一來，學校不是又要花費很多的錢嗎？」

「那有甚麼辦法，校長愛面子嘛！至於教室的盆景，是班上學生自己捐出錢來買的。」

這時候下課的鐘聲響了，一股人潮擁上了福利社、蒸飯室和廁所。尤其是福利社亂得驚人。

「福利社、蒸飯室、廁所，怎麼都連在一起，這不是既髒又亂嗎？」

「這是沒辦法的，校長說沒錢改建。」

「聽說學校福利社的東西不但不便宜，而且很不衛生，有這種事嗎？」

「是的，這點我也有同感，學校當局也知道，但是始終沒辦法。因為前任校長和包商一訂就是十年長期合同。請他們改善嘛，置之不理。要他們走路嘛，又於法無據。所以只有睜一隻眼閉一隻眼了。」

因為我心裡一直惦念著英兒，怕他吃了福利社的東西，更把肚子吃壞，所以匆匆地向陳老師道別，到福利社去找英兒。

十坪大小的福利社，由中間隔成兩小間，前面是冷食部，後面是熱食部。兩小間都擠滿了學生，我想我這胖身子要擠進去找英兒是不可能的，所以站在窗子邊往裡看。窗子、大門都敞開著，沒安裝紗窗紗門，裡頭有不少「小黑點兒」飛來飛去，好像也和搶購零食的學生湊熱鬧似的，一會兒停在販賣枱上，一會兒又停在同學手裡的零食上。看看販賣枱上的東西，乖乖，五花八門，路邊小攤上所能賣到的東西，這裡都有。再低頭看看地上，更是髒得令人不忍卒睹。冷食部沒有英兒的人影，只得到熱食部的窗口看看，我的天，裡面買熱食的同學，正像難民一樣的搶購呢！英兒因為沒有衝鋒陷陣的本事，所以落在人後，不知如何是好地等待著。

再看看麵攤上一碗碗準備好的米粉、和堆成山的麵條，許多蒼蠅正翱翔其間，不時的來幾招「蜻蜓點水」。「小山」後邊的小姐們，正在手忙腳亂的一手收錢，一手拿著杓子，從冒氣的鍋中，舀一杓開水沖進碗中。我很懷疑，那冒氣而不沸騰的所謂「開水」，不知道能不能化解「蜻蜓點水」的魔力？我不敢再想下去，還是先叫英兒出來。

「媽！您怎麼會來學校？」英兒一踏出福利社大門，就用詫異的眼光問我。

「給你送午飯來的。肚子還痛不痛？」

英兒搖搖頭。

「昨天到底吃了甚麼？」

「我也不知道。」

「是不是昨天到福利社吃了東西？」

「我只吃了一枝冰棒。那是上完體育課，同學硬要請我吃的。」

「毛病一定出在冰棒上，剛才你也看到了，這種不衛生的地方，你還想進去？」

「以後不進去就是了。」

在歸途中，我想起謝主席在高雄市各界消除髒亂座談會上，向與會人士所說的話：「大家喊消除髒亂，不只是貼標語、辦遊行、趕攤販，最重要的，是各位在推動消除髒亂時，要記得把握重點，以不花錢為原則，發掘問題，解決問題。當首長的要多看，多問，更要多做。」

謝主席的話說得有道理，但是，又有幾個單位負責人能夠把握重點，以不花錢為原則，來發掘問題，解決問題？像英兒就讀的學校的校長，他明知福利社是學校髒亂的毒瘤，可是他卻沒有勇氣去開刀切除它，醫治它。寧可花大錢去油漆校舍，粉飾太平，來迎接省主席的蒞臨。

（國語日報「家庭」版 64.3.21）

不平則鳴

一般說起來，奉公守法的人，是應該時時受人尊敬的。但是，目前的教育界，卻有不少的事情恰恰相反。就以我服務的屏東師專附小，舉幾個例子與其他學校比較比較，便可證實我這番話一點也不假。

一、十幾年前教育廳的一道指令（這道指令我從未看過），據說規定各級學校員生福利社，所賺得的紅利，必須按照學校30％、兒童30％、教職員40％的方法分配利潤。並附帶規定這個不准賣，那個不衛生，作業簿不得抽利潤等等。我們學校以遵守法令出名，在遵照這道指令的結果，每學期只能賺到萬元不到的紅利，扣除學校、兒童的利潤，每位教職員每學期只能分得三、四十元而已。因此，十幾年來，我們只能瞪著羨慕的眼光，看全省各中、小學校教職員，每年除了分福利金至少四、五百元外，還可以利用寒暑假跑遍全省各地名勝。等他們暢遊歸來，還大言不慚的向我們大肆誇耀，就好像說我們是一群有「福利」不會享的傻瓜。所以，這一道當局永久不執行的命令，害了我們當了十幾年人人自詡為「清高的傻瓜」。

二、教育廳三令五申的嚴禁國校使用坊間作業、測驗紙或自修書，可是有哪一個國校（除山地或極偏僻不升學的）真正沒有使用。但屏師專附小一向嚴格執行，凡是學生的作業或練習，平時測驗或期月考試卷，都出於老師的苦心編寫。所以教師們一下課，除了成堆的練習簿要改外，還忙著編寫作業練習題或測驗試題，其苦狀不是局外人所能想像。尤其升學競爭劇烈的現階段，比別人少練習一次，就少一份如願升學的把握。結果，買一份測驗卷的錢並不比繕寫一份的紙和臘紙貴，而且也耗盡了教師課餘的一切精力和時間，效果並不見得好在哪裡。所以，這道禁令也苦了我們將近十年。

三、「嚴禁惡補，不准收費。」這是幾年來天天叫喊的教育命令，當局不知執行了多少？收效了多少？每當華燈初上，飯後散步於其他國校附近時，便可看到高樓學舍，燈光通明，書聲朗朗。附近一幢幢的別致新式大廈，正在大興土木，如果問起是哪一位闊老板時，你會不相信這是某某國校薪水月入千元的高年級老師所有。想起六、七年前，惡補帶給我們的打擊，真是心有餘悸。當時一般的家長，總認為不補，學生便考不上；不收費，老師便不賣力。造成在低、中年級辛苦栽培的好學生，一升到中、高年級便紛紛外轉到惡補最兇的學校。弄得我們幾乎喪失了辦學的勇氣（本校在教育廳當時有減班的紀錄可查）。三、四年來，在本著守法的原則下，全校同仁不斷的改進教學方法，咬緊牙關，堅持下去，終於家長已漸醒悟，情勢由外轉演變成內轉。三年來，升學率始終保持百分之百。同樣把學生送上中學，所不同的，一個是用正常的方法，另一個是用反常的手段。結果正常的始終在經年不修的教職員宿舍泡豆芽，反常的卻可在高樓大廈裡，接受一切電氣化的高級享受。你說，哪一個人的心中不會有不平之感。

（台灣教育月刊　第197期）

請還我們的自尊心

元月八、九兩日，在中副拜讀任教母校師專的趙雲老師之大作「如何提高師專生的自尊心」時，當時的感受，正如同趙老師文中談起她看到一位學生，描寫他躊躇於高中和師專的十字路口，悲憤交織時的心情一樣，不僅是一字一淚，而且是一句一針地刺痛我的心。因為趙老師只不過是出於同情心，在我卻是件慘痛的親身經歷。本來，趙老師的此種為師專生不平的感受，我早已在去年八、九月中在「國語日報」為文發表過，也曾分別上書教育廳及教育部呼籲過。可惜，目前的政府官吏，還未進步到能接納忠言的地步，或許他們正忙於其他大事，無暇顧及微不足道而為數不多的師專生之自尊心以及其前途。

從四十九年起，師專生便逐年的不知道「自尊心」為何物了？尤其是三年制的師專生，又比五年制的喪失得更快。我們在學時，羞於告訴他人自己的身份，羞於穿著印有校名的制服外出，羞於和其他大專學生為伍，更羞於參加大專院校的校際活動。走在路上，我們抬不起頭來；在人面前，我們低聲下氣。這並不是我們自己的聰明才力不如人，而是有感於我們畢業後的出路地位不如人。所以大多數的師專生，都是走向極端的路子：意志堅定的，便偷偷的加緊自修，準備遠走高飛；意志薄弱的，便凡事懵懵懂懂，拖拖宕宕，塞責了事。反正兩年或五年後，大家出了校門，不管你的成績優異或是低劣，總是只有一條又狹又絕的「小學」教師之路。像這些可悲的現象，怎能算是國家之福？像這些自己喪失自尊心的教育準工作者，將來又怎能祈望他們在建國的基石上——國民教育，衝鋒陷陣，為國育才。

為了民族幼苗能夠欣欣向榮，為了國家前程能夠光明遠大，我們以無比沉痛的心情，呼籲政府當局、社會人士，請還給我們「自尊心」，讓我們抬起頭來走路，讓我們以「我是師專生」而自豪。我們並不想要求多高，我們只要：

⑴訂定合理的待遇：師專畢業任教國民小學時，比照師大二年制專修科畢業任教中學的待遇一樣；如任課時數、出勤限制、薪俸給付、職務加給等。如任課時數不便調整時，則應以超授的時數給予鐘點費。如此，不但安撫了師專生在國校服務，間接也鼓勵了未完成師專教育的現職國校教師入師專深造。

⑵提高社會地位：時下一般人，對於社會地位的評價，完全決定於擔任職務所得的報酬高低。然而，在教育工作圈子中，要算小學教師的待遇最低，工作負擔最重，所以才造成小學教師被輕視的現象。因此，若要提高師專生的自尊心，必先提高國校教師的社會地

位。提高的方法，不外乎是拉平中小學教師的待遇和工作的負擔量。

⑶寬闊進修深造門路：以保送或插班方式，准予進入師大，補修學分，期限兩年，取得學士學位。或另開國民教育系及師大暑期學校，專供師專生深造。其他大專院校，准予插班方式進入二年級就讀。

⑷承認師專學分：據說師專所修學分，教育部不予承認，只許備案。所以各種資格考試，在師專修過的學科，不能比照師大准予免考，實有欠公允。因為目前師專的教授中，有許多來自師大同學科、同教授、同教材，而所修學分卻兩種待遇，怎能叫人心服？

我們深信，只要教育當局今後多給師專生一份關切，不管在學與已經邁入教育崗位的師專生，無不會全心全力地付出相當於十倍的熱誠，來服務「燒盡自己，照亮別人」的教育事業。

（台灣教育月刊 57.1.20）

成功要靠自強奮鬥

～記一場多災多難的球賽～

那一天，台南市國際獅子會舉辦的第五屆全省獅子杯軟式網球賽，還有一個星期就要在台南市體育場開幕了。「臨陣磨槍，不快也光。」我負責指導球隊，為了使球隊出賽有好成績表現，便叫隊長通知球員，每天降旗以後加強練習一小時。誰知道，全隊十二員大將，出場練習的，連隊長只有四個人，真令人驚奇不已。因此，我不能不向負責通知的隊長調查原因了。

「豐源，其餘的人怎麼沒來？」

「老師，三年十三班的導師說，輔導課比較重要，不准出來練球。」

「那麼，權一那一班呢？」

「上輔導課的老師說，要老師親自去講，不然就請您寫一張條子，簽名蓋章才行。」

「我不是叫你請好公假了嗎？」

「公假單沒經過輔導課老師，所以他說不算數。」

「興昌呢？怎麼也沒來？」

「九班的老師罵他：『不打球會死是不是？』所以他不敢來。」

「世璋的老師也不准世璋來嗎？」

「不是，世璋的爸爸說，世璋第二次月考成績退步了，不許他再參加球隊。」

「二年級還有兩位同學，你沒有通知嗎？」

「通知啦！但是他們說降旗以後要到老師家去補習功課。」

唉！球賽就在眼前，想每天抽出一小時課餘時間來加強練球都辦不到，球隊要拿甚麼去跟人一較長短，真是教人寒心！

想起當初報名時候，費盡口舌，才勉強准許自費參加，更令人難過。

※　※　※

開學不久，學校奉命參加全縣運動大會，網球隊也參加比賽。結果破天荒得了國中組第一名。在自費慶功的「水餃宴」上，我鼓勵隊員今後要繼續努力練習，多參加校際比賽，磨練球技。

縣運以後的某一天，有幾位網球隊員拿了獅子杯網球賽的剪報來找我，要我准他們報名參加比賽。我當時答應他們，儘量向學校方面爭取。

我先找到了承辦人——體育組長。他說：

「很難。第一，沒有經費。第二，校長指示過，不是公家機關辦的體育活動，以不參加為原則。」

「全校有四千多人，每學期註冊，體育衛生費每人交四十元，全校收起來不是有十多萬元？怎麼能說沒經費呢？至於說不准參加民間團體舉辦的體育活動的規定，據我知道，兩星期前桌球隊不是去鳳山參加過國際扶輪社舉辦的南部七縣市桌球賽？」

「沒錯。如果照教育部規定體育經費專款專用，十多萬元經費實在綽綽有餘。可是，校長不同意專款專用，只准每學期象徵性的編列兩三萬元體育活動預算。因此，每學期除了補充損壞的體育器材，參加縣運或中上聯運，以及交給縣政府一些被強迫分攤的運動經費以外，剩下的已經不多了。上次桌球隊去鳳山比賽，是他們自己掏腰包去的，結果還得了第二名回來。」

「照你說，這件事像寡婦生孩子——沒指望了？」

「我想，不大樂觀。」

「你是體育活動的主辦人，總得想個辦法呀！」

「這樣好了，你請隊長先寫一份報告，我拿去請示校長，儘量替你們爭取。」

請示的結果是：准予報名參加，補助往返普通車資每人四十元。其餘兩天的膳食、住宿、茶水以及球衣等費用，一切自理。

眼看著賽期將屆，球隊即將北上參加，但是誰又能料想得到，半路上殺出程咬金——

不讓學生出來練球，不准孩子參加球隊。看來，我又得分頭說服了。

當然，我先找體育組長，請他幫個忙。沒想到他說：

「抱歉！這我幫不上忙。校長在升學輔導會議上，向三年級的老師保證過：儘量不讓三年級的學生參加校內外的各項活動，好讓學生專心準備升學考試。如果我去說，他們會把校長的招牌抬出來，把我的話擋回來。」

「照你這樣說，球是練不成了。」

「不！據我所了解，這些難纏的老師們，跟你的交情都不壞，只要你能『緊迫盯人』，便不難各個擊破。」

看樣子，我只有一條「賣面子，求人情」的路子可走了。結果，好話說盡，附帶一個條件——「下不為例」，成交了。

世璋以及兩位二年級同學家裡，也只有登門拜訪，曉以大義，並保證不影響孩子功課，才勉強開恩放行。

※　　※　　※

台南之行，我們靠著自強奮鬥，總算如願去成了，但是現在想來，可算是一場多災多難的球賽啊！

（國語日報「體育」版 64.3.10）

課本編寫，甘苦相隨

自從擔任教職以後，忽然發現課本不盡理想開始，我的內心深處，就暗自發願有朝一日，能參與編寫課本的工作，想把自己滿腔的理念，融入課本中。民國78年兼任屏東縣教育局國教輔導團國文科輔導員之後，常代表出席教育部國立編譯館召開的課程標準修訂座談會，在會中雖屢次提出建言，但教科書的改善，仍然牛步化。

民國86年，教科書全面重新修訂，是年寒假，教育部通令各縣市教育局，全面舉辦新課程研習會，屏東縣五、六百位國文老師，分三梯次做為期二天的研習。當時研習會的講師，以教科書編審委員為第一優先，因為南部的編委人數有限，所以各縣市都使盡奇招搶人。一時之間，編委便成了老師們心目中的「英雄」，令我好生羨慕，益發想實現當編委的心願。

民國91年寒假起，民間版國文課本相繼出爐，各縣市、各學校紛紛舉辦說明會，當時的翰林課本中南部沒有編委，翰林出版公司請我出面代打。每次看到老師們沒有喜樂的表情時，內心便感不妙，所以私底下提醒公司人員，要有心理準備，最好另起爐灶，敦請宋裕老師再度出馬，接下主編大任。

六月底，公司只接到幾張訂單後，便決心由宋老師另組編輯群。宋老師打電話給我，告訴我他沒有國中的教學經驗，不知道該不該接。我告訴他：我可以當他的教學經驗，可以當專職編委，請他大可放心接下主編的重任。

兩年內要編寫出六冊國中國文課本，外加教師手冊、學生習作、教師用備課用書，以及學生用的標準講義等，是一項非常艱鉅的工程，尤其是要通過國編館審查委員們的嚴格審查，才能拿到使用執照，更是難上加難。所以，一路走來，甘苦相隨，其滋味不是局外人可以想像的，其過程幾乎可以寫成一本厚厚的專書。本文因篇幅的關係，只能列舉幾項特殊事例，和有心人一起分享。

要挑選一篇新的課文，是一件很不容易完成的任務。例如：想找一篇台灣鄉土文學小說，第一個想到的，非我的同學黃春明莫屬。可是，翻遍了他所有的著作，大多數屬於長篇；找到短一點的，但負面的成分太多，又擔心通不過審查委員的大筆一揮；打電話請他幫忙提供一篇，他卻無情地給我一句：「你們自己找！」你說，挑選新課文容易嗎？

辛辛苦苦集大家的智慧和心血，好不容易地編完一冊課文送審，結果一大堆的意見和批判——要修、要改、要刪，甚至於要抽換課文，弄得大家焦頭爛額，幾乎喪失信心。例如：第一冊原本選用石德華的《勇敢說「不」》，搭配宋晶宜的〈雅量〉成為「和諧人生」單元。樣書發行後，老師們的反應不錯，可是文中有一句「曾替閣樓雜誌拍裸照而被取消后冠」，審查委員認為「閣樓」、「裸照」不雅，老師要怎樣向學生講解，強力主張抽換課文。我們商量的結果，為了能順利取得執照，臨時匆促地換上席慕蓉的「貝殼」。經過一學期的教學後，老師們認為「貝殼」缺乏教學重心，因此今年又換劉墉的《做硯與做人》。其中辛酸過程，不是三言兩語能說清楚的。

編寫好的課本送審，經過審查委員們的詳細指正後，的確減少了許多缺失，我們由衷感謝。但是，審委的意見，不一定全然正確，我們也常據理力爭，可是力爭幾次以後，為了搶發行時間趕快拿到執照，只得「遵照辦理」。像第一冊第八課的「成語練習」——心無旁□，我們原先的答案是「騖」，審查意見認為是「鶩」，申覆無效之下便改成「鶩」字。我們的編輯顧問左秀靈教授看到了很不以為然，便到處請教專家、學者，最後國語推行委員會出面指出審查錯誤。這真是俗語說的「互相吐槽求進步」，這是甘，還是苦？我也說不出來。

編寫國文課本對我來說，最苦的是要到台北開討論會。因為編寫委員除了主編和我是「閒人」（退休人員）外，其他人都還在學校任教，為了遷就他（她）們，每次討論會只得定在週休二日時召開，所以一連二、三個月，每個禮拜都得要往台北跑，實在辛苦。加上我每天清晨有打硬式網球的習慣，到了台北就沒球可打，那種痛苦，實在難受。

不過，每當編寫出來的課本，受到老師們的肯定、讚賞、接受、歡迎時，這一切的辛苦、勞累都會化為快樂和欣慰。回憶這段編寫國中國文課本的歲月，紮紮實實地帶給我一段很珍貴的啟示：凡是認真踏實的走過，必會留下快樂的足跡。

（節選自「翰林國文教學專刊」第7期 93.9）

第二輯

教育論述

應試辦九年一貫完全國校

中等學校教師檢定考試放榜以後，筆者為了想找一所較為合意的初中任教，所以曾經拜訪了許多位中學校長。在交談中，筆者發現大多數的校長，對於今秋即將實施的九年國民義務教育，普遍的都有誠惶誠恐的感覺。因為九年國民教育的後三年國民中學階段，和現在的初中教育，無論在教育目標上、學校性質上、學生來源上，以及課程內容上，都有很大的不同。尤其在教育當局嚴格規定不准留級，不可開除學生的限制下，今後學生的管教，將是件非常棘手的事。因此，這些校長先生們最後的結論是：將來的國民中學，一定比過去的初中教育更難辦。

前幾天，偶然有機會和我的上司國民學校校長閒談，想不到一向守法進取，以認真負責出名的朱校長也會和中學校長一樣，仰天嘆息的指出：今後的國民小學，一定會比過去惡補時代更難辦。他說：「過去，在升學競爭下，各國民學校雖然有些不大正常，但是最起碼從校長以下，教師、學生，乃至於工友，為了學校榮譽、教師本身面子，和學生的升學率，無不一心一意，日日夜夜的為學生課業忙碌。如今，九年義教一實施，國民小學教育真如同洩了氣的皮球，再沒有拚命去拍的價值了。從此，小學生無須再打氣；當老師的也轉了氣——為進大學、考中檢、兼副業而努力；當校長的以目前的權限來說，也只有閉一隻眼張一隻眼的分了；連學生家長也似乎與學校疏遠多了。……」最後他以滿懷希望和堅定的口吻說：「我將找機會向中央建議，創辦九年一貫完全國校，來挽救日漸洩氣的國民小學教育之厄運；因為九年義務教育唯有同在一個學校完成，才能喚回全體國民教育同仁的責任感。」

自從最高教育當局宣布今秋開始全面實施九年國民義務教育後，筆者便時時留心翻閱關於各國義務教育制度的書籍，比較其得失，並權衡我國的國情，社會經濟情況，人民生活水準，以為在目前我們財政諸多困難，又缺乏延長義教的優良條件，國人心理上也從未有所準備，採用九年一貫完全國校制，要比六年國民小學三年國民中學，分別實施的制度，更為合理和實惠。因為如果把延長的三年義務教育，在國校裡實施，國民小學教育不但可以保持過去的水準，和減輕延長義教後所增加的龐大經費負擔，而且還有下列實際有利的條件：

(1)暫時不必大量的找尋土地建辦新初中，以現有的國校就可以辦得起來。

(2)學區的問題同時也解決了，不必再在國校的學區以外，再劃分初中學區，避免學生家長對學區劃分的不滿，而造成的種種弊端。

⑶學生一直由一年級讀到九年級，都在同一學校，學生的成績、操行、性向、興趣等，都有較完整的紀錄，學校對學生職業或升學指導，便有較正確而完整的資料做根據。九年義教的學生個案紀錄，便不會脫節或中斷，相當於七至九年的國民中學，便不會有無所適從的感覺。

⑷把國中和國小放在一起，圖書、儀器等設備，還可以互相利用。把預定用來建校的經費，撥給各國校擴充設備。

⑸學生生活管理較有一貫性，緩和過去小學死跟，中學不管的極端管理方法，減少問題少年的發生。

⑹拉平中小學教師極端不平的編制待遇，消滅過去小學包班包辦的不合理制度，倡導分科專任教學；組織中小學教師各科研究會，激發研究進修深造的風氣，發揮九年一貫性課程的功效。

⑺把國中、國小放在一起，仍舊使用「國民學校」一個名詞，不必用「國民中學」和「國民小學」兩個名詞。將來一旦實施強迫九年義務教育時，國人對於延長三年的義務教育，便沒有不合作的觀念。

教育當局決策，不顧因九年義教的推行，而改變現有學制，乃採用「國民中學」和

「國民小學」的制度。政策既已決定，現在已無法改弦更張。可是綜觀世界各國推行八年以上義務教育的學制發展，我國將來勢必也會走向九年或十二年一貫的完全國民教育制。為了未雨綢繆，替日後九年一貫完全國校制鋪路；也為了即將實施的九年義務教育，因國民中學和國民小學分別實施而造成不銜接的種種問題在解決改進時有所依據；實在有擇校試辦「九年一貫完全國校」的必要。而目前試辦九年一貫完全國校最理想的學校，要算八個師專附小和國語實小及政大附小等十校。其理由如下：

(1)八個師專附小：師專附小除一般正常教學外，是專供師範生實習試教的場所，並附帶有協助輔導師專輔導區各國校教學的任務。平日負有研究實驗改進國民教育的責任。雖然名義上是附屬於師專，但其行政、經費皆係獨立，直接受台灣省教育廳或台北市教育局管轄。行政組織比照一般中學編成，經常費較一般國校高，人員編制達一點五人，校舍合標準，設備齊全，各學科大都設有專科教室。校長由師專講師以上兼任，教員完全由校長依教學需要，聘請對該科具有專長者擔任。所以，由師專附小試辦九年一貫完全國校，無須為建校經費、師資、設備、學區等而費神。如果學期中初中師資缺乏之時，還可由師大畢業的師專助教以兼課方式補充。爾後師大、師院，乃至師專、或普通大專，培養國中師資時，可供實習試教的場所，這是很有意義的試辦。因為附小學生的入學，是用招考的方式，並無學區制的壓迫，所以沒有班級人數膨脹的可能。

(2)國語實小和政大附小：這兩個小學的經費、組織、教員編制和學校性質，都與師專附小相似，只是任務有點兒不同而已；國語實驗小學負有全國國語推行的實驗研究工作。政大附設小學則為政大教育系學生的實驗研究場所。不論國語推行的實驗研究，或教育系學生的實驗研究，都不應該只拘限於小學階段的兒童為滿足，老早應擴大於青少年的高初中學生，甚至於及於社會上的一般青年為對象。所以這兩個學校改制成完全國民教育學校，有其莫大的價值。尤其是政大，今後是台北市培養國中師資專業訓練的場所，政大附小改制成九年完全國校，其意義更為重大。

九年一貫完全國校的試辦，完全是站在實驗、研究、改進九年義教的立場行之，所以只有有助於九年國民教育的發展，絕無雙頭馬車制的弊端。因此，教育當局實在應該及早試辦。

（國語日報　「國民教育」版　57. 8. 6）

改善學生課桌椅

目前各級學校學生用的課桌椅，已經逐漸淘汰過去所用的不相連雙人長桌和單人椅，而改製成木造單人專用的相連桌椅。這種桌椅的原始設計人，不知道他的最大用意何在？也許是去除兩人合用一桌的不便，和椅不連桌所造成弊端。其實，這都不是課桌椅最需要改善的地方；在教學活動化的原則下，課桌椅最需要的是要符合輕便原則，其次才是實惠、耐用。

平常教學時，常常想把全班分成幾組，舉行分組討論教學法。但搬動桌椅就要費去好幾分鐘，費好大的勁兒。一個教室五、六十張，甚至於有的達到七、八十張的課桌椅，分組後，幾乎便沒走路的地方，教學活動化那就更不必談了。偶然，想把教室空出來，做唱遊式的團體遊戲，或不用桌椅的遊戲式的教學活動，桌椅的搬出搬進，實在也不是一件簡單的事。

最感頭痛的要算是每天的整潔活動了；過去，只要把不相連的椅子放在桌子上，無須搬動長桌，大略的便可掃乾淨。如今，各學校競相採用單人用的相連課桌椅，連這點好處也得不到了。因為這種桌椅比過去還要笨重，而且構造特殊，不可能從桌椅底下掃出，所以掃地時，非挪動一張掃一下不可。掃好後，排桌椅更是難事。如果遇到大小長短不同的，排起來更難。因此，有些學校，有些班級，便索性不掃，或幾天清除一次。由此之故，教室的髒亂，委實不敢讓人目睹。

因此，我認為各國校，甚至於其他各級學校，今後添製學生的課桌椅時，實有做通盤性的改革必要；譬如製造桌椅用的材料，和桌椅的製造式樣，都必須儘量符合輕便、實用、耐久等原則。依據這種原則，我認為材料可改用金屬鋁片製成較佳，或者骨架用鋁金屬，面用壓克力板。式樣仍以桌椅相連但可自由折疊為原則，可能的話，高度最好也能自由調節。

學童朝夕在學校生活，除了教師外，不能須臾或離的便是課桌椅。因此，課桌椅的改善問題，各級學校及教育同仁實在不容忽視。也希望從事課桌椅的製造商，多為學生們設計製造出較理想的式樣，供給學校添置選購。

（國語日報「國民教育」版 57.7.23）

如何善用國語日報

年來，常在國語日報「國民教育」版，讀到有關於國校同仁介紹其班級或學校，如何使用國語日報的報導。每看完一篇，心裡頭便有許多話想說；可是一想到「國民教育」版每週只刊一次，篇幅又那麼小，在整個國民教育的圈子中，尚有許許多多的重要問題值得探討，如果一再的投寄此類稿件，未免太為難編者，也浪費了寶貴的篇幅；於是原本已提起的筆，也只得廢然拋下。今天又拜讀了林泉明老師的〈怎樣使用國語日報〉一文後，從前想說的話又湧上心頭。尤其文末的那一句「如果我們國教同仁有效果更佳的方法，還請提供出來作為教育工作者的借鏡。」使我有不能再度拋筆的感覺。

十幾年來，自由中國推動國語運動有如此卓越的成果，國民學校語文教育有這麼好的進展，國語日報所擔任的角色，實在不能埋沒。所以，怎樣使用國語日報的技術問題，是目前各國民學校及各家庭值得研究的課題。不僅要研討如何使孩童稱心滿意的能閱讀自己喜愛的作品，而且還要指導兒童更廣泛的閱讀其他適合程度的篇幅。不但如此，家長、教師和學校，還要擬定一種長期閱讀國語日報的辦法，不斷的刺激兒童的閱讀興趣，進而提高閱讀效果，使國語日報在孩童的生活中，發揮最大的功效；這才是我們討論怎樣使用國語日報的最大用意。

屏師專附小一向重視國語文教育，在加強國語文教育的辦法中，國語日報閱讀及朗讀的指導，就是其中一項重要的措施。十幾年來，除了前年有鑒於「淘氣的阿丹」專欄，常有反教育的漫畫出現，不得不採取斷然措施，各班停閱一年外，從一年級到六年級，每班都長期訂一份國語日報。每晨報紙一到，都先由級任老師先加以閱讀，把適合該班閱讀的作品，用紅筆圈出來。假使遇有特別有價值的作品，便特別標出，或在課堂上報告。然後再將兩大張分別公布在教室右前角，專為國語日報閱讀用的鉛絲夾子上（一條長的鉛絲，掛上適量的小夾子，夾子可左右移動。）可供閱讀較多的版面朝外。規定中午午休以前，報紙不得離開夾子，下午時間可以隨意拿到自己位置上閱讀，但必須上課鈴聲一響按規定掛回。揭示兩天以後，再由學藝幹事按日期順序夾在報夾上。

卜昭祺老師為了遷就兒童「先睹為快」的心理，而把兩大張報紙撕成四小張的作法，我曾嘗試過一次，覺得很不妥；因為國語日報八個版面，不是版版都適合某年級的兒童看。分到好看的，兒童固然高興，但是分到不喜歡的一版時，則怨聲載道。還有一點最值得注意的，要算撕報紙給孩子帶來的惡果。平日教師要學童愛惜公物，保持書本、簿子、文具等的完整和清潔，不准孩童撕簿子，使兒童對一切事物皆有完美的觀念，進而養成祥和的習性，消弭爾後的暴戾之氣。可是做老師的，卻公然將好好的報紙分屍，對兒童的心理影響可想而知。那次，五十幾雙眼睛瞪得大大的看著我表演「報紙分屍」，心裡頭猛覺得自己像一位殺人不眨眼的劊子手似的。

林泉明老師的辦法，我認為也不是最妥善的辦法；因為如果用漿糊貼上，第二天取下時，報紙便不成原樣。用圖釘容易脫落，刺到孩童的腳。而甲班貼第一版，乙班貼第二版，丙班貼第三版，丁班貼第四版的規定，其方法更使我費解。我們知道國語日報每天共有八版，依上項方法只能貼四版，那麼其餘四版又怎麼貼法？（假使林老師沒有記錯，此法也要像卜老師一樣將報紙分屍。）若仍沿用原方法，我想目前各國校教室前的牆壁寬度，很難找到可容納八版的國語日報。就算他服務的學校有這樣寬的牆壁，可是四班將近二百名的學童，在方寸之地搶閱報紙，將是一件很不容易的事。即使學生訓練有素，不會搶閱，但是從張貼好以後，一天中有幾分鐘的休息時間可供閱報？前年停訂國語日報時，為了要繼續維持學童閱報的習慣，只得每年級共訂一份，公布的方法就和林老師說的一樣，所不同的是我們設計出「活動公布欄」，（形狀像家庭的收信箱，但外套是用透明塑膠紙，看完一面可抽出，翻過來看另一面。）公布國語日報各一份。可是，我發現一天中去閱讀的並不多，這並不是兒童沒有看報的興趣，而是一般人站著看報常覺得不是味兒

──太辛苦。

如何使用國語日報的方法，除了設計良好的閱報場所和方式外，最好還要經常舉辦與閱報有關的各種比賽，以提高學童的閱報興趣，考查閱報後的效果。例如：我們學校每學期都舉辦一次各年級的閱讀比賽和時事測驗。每日利用朝會，以抽籤方式舉辦「國語日報朗讀比賽」；高年級是以「七百字故事」（兒童版童話故事），中年級以「我的作品」，低年級以「看圖說話」為比賽範圍。十多年來，這種辦法實施的結果，無形中便使教師習於經常指導學童閱報，也使學童養成了閱報的習慣，使全校形成了人人每天必須閱報的風氣。

（國語日報　「國民教育」版　57.2.27）

國中可否收旁聽生？

旁聽制度在大學教育中，已實施多年，並已立法，在大學推廣教育中，是值得大大提倡的教育制度。可是，旁聽制度對中等學校卻是件陌生的事，尤其是剛創辦不久的國民中學。

筆者不曾在報章雜誌上，看到有關中等學校旁聽制度的論著，也未曾聽到別的學校，為了旁聽生的問題傷透腦筋。可是，筆者服務的學校（國民中學），當全體教職員一心一意想全力做好開學準備工作之際，沒想到收不收旁聽生的問題，大大的困擾著學校的行政工作人員。校長因於法無據，不敢斷然裁決，便提到行政會報上討論。

原來，縣府某要員的兒子，今年國中畢業，參加高中聯考，成績未達錄取標準，被分發在某私立高中。因家長望子成龍心切，怕進入私立高中後，成績不夠理想；若進入補習班補習一年，又不放心補習班的雜亂。因此，腦筋便動在「旁聽」上，想借重讀書風氣最佳，升學省中率最高，連得數年狀元的本校，重讀一年三年級，準備明年捲土重來，如願考入省中。校長起初以「事無前例，於法無據」加以婉拒，但不得諒解，只得請其直接向教育局申請，只要上級一道命令，學校即依令行事。可是，教育局雖有意幫助縣府同仁，但也不敢下達於法無據的命令，所以又把皮球踢了回來，某要員眼看著願望受阻，於是私下發動了縣府各單位有力人士，來個聯合人情攻勢，好像不達目的不肯罷休似的。弄得校長收也不是，不收也不是，真是左右為難。行政會報經過幾小時的熱烈討論，分析利害得失後，人人覺得茲事體大，不敢驟作主張，因此又成了懸案。

站在有教無類的教育立場，只要不違背學校行政的合法性，不妨礙教室的正常教學，面對著這般熱心的家長，和肯進取的學生，學校似有欣然收容的責任。況且，學生家長是縣府要員，又請了許多有面子的人出來求情，爾後學校的發展，還得仰賴諸要員的幫忙很多。因此，坦白說，多位與會的人員，都很想接受。可是，我很擔心此例一開，往後不能收拾。何況，在中等學校旁聽生制度尚未立法前，說實在的，萬一將來出了紕漏，責任由誰來負？如果一旦收容，旁聽生的學業考查，以及學生管教的尺度，是不是與正式生相同？將來號召力較差的私立高中或補習班，會不會因為影響其權益，而提出嚴重的抗議？……這些問題，在在都不是學校本身可以解決的。所以筆者希望有關教育當局重視此一問題，及早作成行政命令，或建立國民中學旁聽生章則，好讓學校當局有所遵循。

（中華日報　58.11.10）

如何加強國民中小學間的聯繫

一、問題的發生

看了去年十二月二十七日中華日報第二版「台南市即將全面推行加強國中、國小間之聯繫，俾達成九年一貫教育目標。」的消息後，使筆者聯想起最近屏東縣各國中校長，也為了國中、國小間的聯繫問題所召開的座談會。座談會上，部分校長有鑒於目前在國民中學就讀的一、二年級學生，不僅僅是學業普遍的低落，而且生活習性比起過去初級中學時代的差距相當大，尤其是各學校的確有不少行為頑劣的學生，有些已經染上抽煙、酗酒、賭博、滋事、鬥毆、勒索、恐嚇、調戲婦女、跑風化區等無法無天的惡習，弄得學校訓導工作簡直無法推行。因為教育當局遲遲不公布國中學生獎懲辦法，所以國中學生便有恃無恐的胡作非為，學校不但不能記過、退學，連最起碼的體罰，也早已被剝削殆盡。因此，頑劣行為發生後，不但無法遏阻，而且還漸有蔓延的趨勢。

二、解決的途徑

與會校長在慨嘆聲中，交換意見的結果，發現其原因是由於實施九年國民義務教育後，當局只重視量的增加，而忽視質的提升，尤其各國中的校舍，普遍無法容納驟增的學生。各種教學設備，更不能滿足學生的學習慾。加上國小教學及生活教育的鬆弛，國中、小學間的缺乏聯繫，於是乎造成了今日國中訓導工作的一大困擾。

在教育經費有限，校舍無法立刻隨學生數量擴充，設備難以達到理想之前，唯有強化中小學校間聯繫一途，所以大家紛紛提出加強國中、小學間之聯繫，並呼籲趕緊訂定辦法，認真展開作業。但是，校長先生們因未實際執行訓導工作，許多看法意見未必切實可行，也難免有「滄海遺珠」之感。所以，便決定各校長把該問題帶回各學校，請訓導工作人員提供具體可行的意見，然後彙送縣府教育局整理後，改期再議。筆者忝列訓導工作一員，不揣譾陋，略抒管見，冀能拋磚引玉。

三、義務教育的發展趨勢

綜觀世界各國，教育文化水準較進步的國家，其義務教育無論是八年、九年，甚至高達十二年，其國民接受義務教育過程，大多數都在同一個學校連續實施完畢，並無中學、小學之分。反觀我國，在實施九年國民義務教育之時，因顧慮到傳統學制，不願破壞現行六三學制，因此將九年國民義務教育，分為國民小學及國民中學兩個階段實施。但依照世界各國義務教育發展的趨勢來看，將來我國國民義務教育的實施，勢必也步上九年或十二年一貫的完全國民教育制。為了未雨綢繆，替日後九年一貫完全國教制鋪路；也為了目前國民中學和國民小學分別實施而造成不銜接的種種弊端，求得補救，進而提高六三制義務教育的功效起見，強化中、小學間之聯繫，教育當局及各級學校，實在應該大力提倡，切實做好才對。要如何加強聯繫，筆者願以吾校所做的，以及尚待加強改進的，提供出來作各界參考。

四、輔導就學方面

(1)設立國小就學國中輔導機構：兩年來實施九年國民義務教育以來，全省國小畢業生入學國中的就學率，尚未超過百分之七十，就以此成績來看，若要在第四年後，開始實施強迫九年國民義務教育，勢將發生諸多阻力。因此，加強國小畢業生入學國中的輔導工作，實屬必要。過去為何就學率不盡理想，主要的是未建立健全的輔導機構，和具體可行的輔導辦法，才造成教育局、國中和國小間，將責任互踢皮球的現象。因此，今後教育局應主動召集國小校長、教導、高年級級任，以及國中校長、教務主任、訓導主任等，以學區為單位，共同組成「國小畢業生就學國中輔導委員會」，訂定切實可行的各種辦法規章，尤其對於輔導認真績效優異的單位、人員之獎勵，更不可忽視。

(2)設立貧寒學生就學國中獎助學金辦法：筆者過去兩年中，訪問未向國中報到入學的國小畢業生，統計其原因所得結論，大多數是由於家境清寒，無力維持國中三年學費者多。故為了達成實施九年國民義教，提高國中入學率，各國中、國小實有趕快設立「貧寒學生就學國中獎助學金辦法」的需要。至於獎學金的來源，可從家長會費及學校員生福利社利潤項下每學期撥出一部分，作為獎助貧寒學生基金。原則上由國小獎助入學及第一學期費用，其餘五學期由國中獎助。

五、了解學生方面

⑴建立九年用學生個案卡：每學年在開學初，縣市教育局應根據入學國小一年級人數，統籌印發九年用國中小學生個案研究資料卡，分發給各國小使用。並規定中小學教師務必逐年切實填寫紀錄，俟學生國小畢業後，個案卡隨學生進入國中，完成九年一貫學生各項資料，作為訓導工作、個案研究，以及職業陶冶的重要參考。

⑵擴大國小研究課編制：過去國小研究課（股）在學校行政部門中，是屬於最末小、最不受重視的單位，因為課長由教員兼任，是無給職，因此，幾乎每一個學校如同虛設。今後，因為九年義教的實施，研究工作在學校行政工作中，其地位將提高，其重要性將不遜於訓導、教務部門。因此，擴大國小研究課編制誠屬必要，課長應改為有給職。爾後國小的研究工作，如學生性向、智力、學力、人格等測驗，以及個案資料、教學實驗，都要切實的展開，以匡助教學、訓導上的困難。

(3)完成國中指導活動中心立法：甫自實施九年義教之初，即有國中設立「指導活動中心室」之擬議，並同時展開各項學生指導活動工作。迄今已逾一年有半，工作雖已展開，但因遲遲未給予立法，因此，指導活動工作只停滯在點線上，無法全面地推展開來。所以，國中指導活動中心室的組織，應及早完成立法，編列經費預算，劃分職責，建立人事制度，以達成幫助個人生長，開發國家人力資源指導活動最大功效。

六、學校間聯繫方面

(1)國中校長每學期開學時，應率領訓導、教務有關人員，到學區國小訪問，聽取意見，作為教育行政之改進參考。

(2)國小校長可在開學初，訂定就讀國中校友返校日期，與母校老師或學生作聯誼及再教育的機會。

(3)國中應利用每年舉辦全校運動大會時，同時舉行學區內國小高年級聯合運動會。或經常舉辦其他學藝活動：如書畫展、音樂會、科學展覽等。

(4)國中得經常鼓勵學生利用課餘假日，返回母校拜訪校長、老師，或參加母校舉辦的各項活動。

(5)國中小學校經常輪流舉辦聯誼活動，一面作交誼活動，一面交換教學經驗。對於特殊兒童的輔導，並相互協助。

(6)國中應將新生入學學力測驗，及期月考成績統計，寄送學區各國小，作為國小改進教學或校友再教育參考。

七、欣聞九年一貫國校的試辦

中華日報一月六日報導：高雄縣政府為了使九年國民教育能夠收到一氣呵成之效，將考慮設立九年一貫制國民學校。這是令人興奮的消息。誠如次日「地方論壇」所說：「這可說是國民教育更求新的發展，與更求進步的措施。……九年一貫制國校不僅使九年國教一氣呵成，在教學與學生就讀方面，也將獲得許多方便，並進而對國教課程的聯貫，更能促使改進。」九年一貫完全國校的試辦，筆者早在五十七年八月六日在國語日報「國民教育」版為文向教育當局建議過。如今，高雄縣首先響應試辦，衷心欣慰。不過，以目前的各方面的條件來看，在我國想要全面推行九年一貫完全國校，相信還有一段很長的時日。所以，在尚未實施九年一貫國教制以前，唯有加強中小學間之聯繫才是正途。

（中華日報 59.2.2）

當前國中訓導工作危機在哪裡？

八月廿四日的「文教與出版」，刊登了蔡樹禮老師的〈探討當前國中訓導工作危機〉一文。筆者覺得目前各國民中學老師，普遍對訓導工作感到棘手，訓導工作人員，亦紛紛請辭之際，能夠及時敲響警鐘，提出革新高見，實屬難得。尤其是對於訓導工作態度和觀念，所持的看法更令人欽佩。但是，蔡老師不厭其煩指出的危機，卻沒有普遍性。

那麼，當前國中訓導工作的真正危機在哪裡？筆者現服務於南部一所規模很大，有六十五班，學生近四千人的國民中學，並擔任訓導工作有兩年多之久。因此，願以兩年實際工作一得之愚，拋磚引玉，就教於教育界諸先進。

(1)獎懲無據：九年國民義務教育，自五十七年秋季實施以來，初級中學時代的獎懲辦法已無法適用於國民中學。可是國民中學的開辦，已經進入第三年頭，學生的獎懲辦法，迄今始終尚未頒布，以致於使全國各國民中學的訓導工作，最重要的學生生活獎懲，無憑無據，實施起來漫無標準，全憑執法的訓導人員一時的好惡來決定。在國中學生無留級、退學的規定下，便養成學生曠課逃學無所懼，滋事犯科無所怕；好的不能給予適當的獎勵，頑劣的不能給予應有的懲罰，影響訓導工作無法大力推動，造成癱瘓狀態，此為危機之一。

(2)管教困難：據各報披露：台灣省教育廳潘廳長在全省一百八十六所私中校長會議席上，對訓導工作曾如此指示說：「管教學生應從仁愛出發，寬慈互濟，絕對不准打罵。」潘廳長的話，可說是語重心長。從仁愛出發來做訓導工作，我想沒有人不是如此。但是，國民中學的學生，在來源上，不像過去初級中學時代，經過考試，進來後，若發生重大過失，可以勒令退學，不論在智力上，行為上都不如初級中學時代那麼整齊，那麼容易管教。尤其學生個別行為的差異，更為懸殊；好的，循規蹈矩，無需老師為其操心。壞的，尋兇、鬥毆、勒索、犯科、抽煙、喝酒、聚賭，十八般犯罪武藝，樣樣精通，像這種頑劣學生的管教，訓導人員在輔導學生改過遷善時，是應該寬呢？還是應該嚴？寬要寬到什麼程度？嚴又要嚴到何種標準？或是一味的寬慈到底，慢慢地也把絕大多數的好學生拖下海？所以全國各國民中學普遍的都有管教困難，無所適從的現象，此為危機之二。

(3)安全無保障：導師所面對的全班學生裡，訓導人員所面對的全校學生中，多多少少難免會有不自愛，行為乖張的學生。訓導人員為了自身的職責，不忍見學子的自暴自棄，或危害到其他好學生，於是只得嚴加管教。偏偏目前社會倫常敗壞，家庭教育破產，致使南部某所新成立的國中，為了辦好訓導工作，嚴格管教學生，竟引起家長的不滿，拿著西瓜刀，帶著其子弟，跑到學校向「多管閒事」的訓導人員興師問罪。事後，學校當局，竟未因而採取妥善的防患措施，使全體訓導工作人員寒心，難怪各國中訓導人員，紛紛請辭。目前，各國中已開學將近一個月，可是尚有許多學校請不到訓導主任，此為危機之三。

(4)設備差，影響管教：為了順應世界潮流，配合經濟建設，多造就國家有用人才，於是，總統明令在五十七年秋，開始實施九年國民教育。這是教育界劃時代的創舉，也是最明智的德政。雖然政府當局為了實施九年國民義務教育，投下了龐大的經費，但是除了台北市外，台灣省各縣市的教育經費，仍然大感拮据。各國民中學的校地和設備，始終趕不上學生人數的增加。目前，各縣市的一般情況，學生雖不實施二部制，而有波浪式的教室上課，已屬難得，其他有理化實驗室，工藝、家事、音樂、美術等專門教室設備的學校，少之又少，至於想有禮堂、游泳池、較寬敞的運動場，用來發展學生天賦，培養學生學習興趣，減少問題行為發生，那更是難得了。現在各國中普遍的為了擴充校地，都咬緊牙根，束緊腰帶，儘量不動用辦公費，將省下來的公款去買地皮。像如此設備，怎能使國中在管教方面，達到變化氣質，四育並進的預期效果？此為危機之四。

(5)待遇菲薄：前師範大學校長，台灣省教育廳長劉真先生，考察歐美教育時，他所經過的國家，除了以色列等少數國家外，幾乎無一國無學潮。相反的，三十八年政府遷台以來，自由中國各級學校，都非常的安定，這在自由世界各國中，可以說是很少見的。其原因除了要歸功於政府的正確教育政策外，各級學校的訓導人員，經年累月，每天全天候的不辭勞苦，功亦不可沒。可是使人痛心的，訓導人員在學校裡不僅不被尊重，教育當局也不給予應有的禮遇。連五十八學年以前，最起碼，最微不足道的導師、組長、主任的七十元加給，從本年度開始，也一筆勾銷。像如此一而再，再而三的給訓導人員澆冷水，怎麼不叫他們感到失望?視訓導工作為畏途?他們的工作熱誠憑什麼來提高?此為危機之五。

筆者至誠的盼望教育當局，各級學校主管，能重視這些問題，切切實實的以行動來挽救這些危機，才是國家教育之幸，萬千學子之福。

（中華日報「文教與出版」59.10.12）

國小設置幼稚園辦法亟待改進

去年八月一日一大早，我帶著小女到附近某教會附設的幼稚園報名，未進大門，便看到已經有許多的家長牽著小孩在大排長龍。聽說有的家長唯恐報不到名，清晨五點便開始排隊。接受報名剛開始不久，名額便宣告滿額，為了怕下學期開學後，小女被留在家中關禁閉起見，特地跑到辦公室，懇求幫忙，好話說盡，園主任才大發慈悲似的記下姓名住址，列為備取，遇到空缺時，再另行通知入學。

猶記得前些日子，報紙也刊登過南部某省小幼稚園，預定招考新生四十名，竟然有五百多位報考，其競爭之劇烈，不亞於大專聯考。還有高雄市某幼稚園，因報名人數過多，遵照廳令廢止考試制度，改為抽籤方式，引起近千家長公憤，鬧進市府，要求市長作主等情事。

由以上三件事的發生，可以看出目前起飛的工業社會，形成了無數的小家庭制度，在女工難尋的情況下，夫婦必須靠早出晚歸的工作，以維持生計，留在家中幼兒的保育問題，便成了一大難題。更何況現在各地方的幼稚園、托兒所，不是僧多粥少，便是因陋就簡，幾乎家家都為小孩子的無人照顧而大傷腦筋。

八月七日各大報紙紛紛刊登台灣省教育廳頒佈的「國小附設幼稚園辦法」。根據報導，台灣省教育廳所要求各縣市政府，通令各國民小學利用現有場所，附設幼稚園的理由，是為了要啟發兒童基本生活知能，增進幼兒身心健康，使更多學前兒童都能獲得良好的教養。

自從這個消息披露以後，凡是有兒女，但未屆入學年齡的父母，無不興奮異常，尤其是天天忙於生計的職業婦女，更是雀躍不已。但是，很遺憾的，從辦法公布到現在，學期已經過了一大半，尚未聽到有哪一所國小已著手籌備招生，接受報名的消息。在政治、社會大喊革新聲中，這真是需要政府當局立即督促辦理，各國小需要馬上全心全力配合的一件大事。否則，這不但是下一代的無形損失，也是社會建設上的莫大阻力。

全省各國小附設幼稚園，居然是目前廣大社會的迫切需求，那麼，為什麼各國小不快馬加鞭地來籌辦設置呢？個人的看法，這是因為教育廳所訂頒的辦法中，表面上看來是鼓勵各國小附設幼稚園，骨子裡卻是在踢「責任皮球」；因為辦法中的規定事項裡，有許多實際問題，設想得不夠周全；對於如果辦得績優的學校，也未訂定獎勵的條文。因此，各國民學校才裹足不前，以觀望的態度，來應對這道如同具文的公事。那麼，國小附設幼稚園的辦法，有哪些實際問題未設想周全？有哪些規定事項沒有考慮到學校本身的困難，筆者願提供出來，以供教育當局參考。

⑴設園辦法缺乏鼓勵性：依據辦法第一款「各國民小學在三年級以上班級能全日上課，而尚有空餘教室可資利用，或地方人士自籌財源興建幼稚園，縣市政府核准後，可附設自立幼稚園。」之規定，要各國小附設幼稚園，是件困難的事；因為目前全省各國小都鬧教室荒的現在，不可能有多餘的教室，以資利用來設幼稚園。希望地方人士自籌財源興建幼稚園，那也是件不容易的事；因為需要普設幼稚園的地方，大多數在工廠林立，或較繁華的城鎮，而在寸土寸金的地方，想要找出較寬敞、幼兒接送方便、人口較集中的私有土地，供設幼稚園或托兒所，實在不是熱心公益兼有教育理想的人士能力所能辦到的。筆者朋友中，鑒於設置幼稚園的迫切需要，就有幾位學教育的想合夥辦一所夠水準的幼稚園，但是始終找不到一塊合適的地皮，即使找到合適的土地，但昂貴的地價，能否負擔得起，也是問題。

⑵收受幼兒年歲限制過嚴：依據辦法第二款「附設自立幼稚園收受對象以原學區內年滿四足歲以上至六足歲以下之幼兒，施以為期二年之保育，每班以不超過四十人為原則。」之規定，對於收受幼兒年歲猶為過嚴；因為政府設立幼稚園的最大目的，相信是在於代替廣大的職業婦女照顧幼兒、教育幼兒，使多數的家庭受惠。何況，目前的公私立幼

稚園之收教幼兒，大多數都以三歲到六歲為其對象，分小、中、大等三級班次。我覺得教育行政機關，對於經費自給自足的幼稚園，收教兒童年限應放寬，而對其辦學成績之良窳，卻可從嚴考核督導，才是上上策，免得幼稚園本身，在條件許可下，想擴大服務家長時，受到辦法條文的束縛。至於每班人數多少的規定，不宜如此籠統的「每班以不超過四十人為原則」之規定為滿足，應依據小班、中班、大班的等級區分之。稍具幼稚教育常識的人，都會曉得：幼兒的依賴性及受照顧之需要，是依年齡成反比。因此，為達成幼稚教育的目的，辦法中實在有明白規定的必要。

(3)設園場地規定含糊不清：依據辦法第三款「自立幼稚園應有適當的活動場所，良好的環境及安全設備，課程依規定辦理。」之規定，對於設園面積的大小，沒有明確的規定；怎麼樣的標準？活動場所才算適當，環境才算良好，設備才算安全。因為規定含糊不清，所以造成：只要有一間房子便可立案設園；稍有空地，活動場所便算適當；園地打掃乾淨，便算環境良好；只要不出大事情或紕漏，設備便算安全。過去的立法因為如此，所以形成了現在的幼稚園，大多數不夠水準，設備簡陋。尤其農忙托兒所（幼稚園）其齷齪之情況，如同難民收容所。有些教會附設的幼稚園，幼兒上課教室，是借用教堂；活動場所也是借用教友活動場地。更妙的，幼兒每天升完旗後，便要上一節宗教的禮拜課程，每天兩次點心，食前要唱「感謝天父賞賜點心」的點心歌；教材也多偏重宗教歌曲，如此幼稚教育，無異於是宗教活動了。做家長的也知道這種教材教法不適合於如同一張白紙的幼兒，但是好的幼稚園太少了，實在是沒有選擇的餘地。

(4)保姆資格未規定：開學不久，我曾參觀一所幼稚園上課的情形，家長因不放心孩子能否適應，故幾乎陪在孩子身邊。但是園主任卻以養成孩子獨立習慣為由，把家長拒於門外，勒令保姆硬把孩子抱入教室，大作唱遊課。全班五十多位中，有三分之一在地上打滾，有三分之一卻嚇得大哭，躲在門邊向父母求援，其餘的不到二十名，畏畏縮縮的向老師模仿動作。此種教導方法，實值得商榷。談到教學技術問題，則端賴於教師本身的修養。綜觀目前教育當局對於幼稚園的師資來源，除了省立小學幼稚園是具備師範畢業資格外，其餘從不加聞問，這種措施實非幼兒之福，遺憾的在新頒布的辦法中，也漏列在規定事項裡。

(5)收費多少漫無標準：辦法第四款「經費採自給自足方式，如有結餘，除作擴充教學設備及修建設備外，不得改作其他用途。但收費不得高於私立幼稚園，並應設貧寒幼兒免費名額。」規定中，對於經費採自給自足方式，結餘歸為擴充修建設備，很是合理，尤其「應設貧寒幼兒免費名額」更值得喝采。但「收費不得高於私立幼稚園」之規定，卻等於沒有規定。據筆者所參觀過的私立幼稚園的收費情況，沒有兩所幼稚園是相同的，國小附設幼稚園到底應以哪一所的收費作為標準呢？

為了貫徹教育廳頒訂國小附設幼稚園的宗旨，順應民間多數家庭的需求，不使有需要附設幼稚園的國小，因為受到不盡理想的原辦法之束縛，而裹足不前起見，懇切盼望主管幼稚教育當局，除了八月七日頒布的四條規定事項外，儘速根據以上五項尚待改進的事項，再頒訂補充規定事項，以期各國小儘快的籌辦附設幼稚園，於六十三學年度起正式開始招生。筆者服務國民教育十餘年，願根據上項原辦法的缺點，提供一些改進方面的淺見，供有關當局參考。

(1)辦理設園（所）貸款或出租公地：教育廳或教育局對於有設置幼稚園需要，但無剩餘教室可資利用之各國民小學，應准予貸款設園，由幼稚園經費中編列結餘預算，分十年低利或無息償還。地方人士自設幼稚園或托兒所，無適當用地時，當地政府機關應儘量協助或出租適當公地，供其設園（所），以利幼稚教育之發展。

(2)放寬收教幼兒年歲，規定班級人數：收教幼兒之年歲，小班為三至四歲，中班為四至五歲，大班為五至六歲。班級人數，小班至多三十五名，中班至多四十名，大班至多四十五名。必要時得附設一至二歲公教員工子女托兒所。

(3)規定設園用地標準，園地務必獨立使用：為使幼兒有較寬敞的場地活動，當局必須訂定設園用地最低標準，再以幼兒人數比率累加。園地必須用安全鐵條或鉛絲圍住，並明文規定最低應有的設備項目，專供幼兒使用。

(4)統一編定課程教材：幼稚教育目前雖未納入義務教育的範疇，但歐美教育先進國家，已經有把國民教育的入學年齡提前一至二年的趨勢。我國的國民小學如果普遍附設幼稚園，那麼爾後的幼兒教育，亦有納入國民義務教育的可能。因此，教育當局應該趁著此次各國小普遍附設幼稚園之際，訂定較統一合理的課程及教材，以富彈性之大單元設計教材，供各幼稚園施教之依據。

(5)師資應受專業訓練：幼稚園中的教師，所面對的學生，是未滿六歲的學齡前兒童，依據心理學家的研究，六歲以前的兒童，可塑性比任何年齡時期大，故幼稚園教師之專業訓練，愈發重要。可惜，當前我國教育制度中，似乎沒有正式培養幼兒師資的學校，這實在是教育制度上的一大敗筆。為了彌補此缺憾，希望教育部通令各師專在暑期中，增闢幼兒教育師資科，專供現職教師進修。

(6)規定收費標準：當前幼稚園的收費，除了保育費以外，名目繁多，漫無標準，入學註冊費，要比國中生還多，而且每月要繳交的費用，也在二、三百元。為了幼稚教育的正常發展，收費標準應有嚴格規定之必要。

(7)訂定獎懲辦法：幼稚教育未正式列入國民義務教育前，各國民小學對於附設幼稚園之事，可辦，也可以不辦。在無利無獎可圖之下，每個學校幾乎抱著多一事，不如少一事的想法。所以獎懲辦法的擬訂，是推動幼稚教育的一大動力。

（台灣教育輔導月刊　24卷第3期　63.3.1）

談家庭補習

前幾天，有位學生家長和我閒聊，談到時下的家庭教師形形色色，不知道要怎樣去選擇，才能對孩子有所幫助。

家庭教師是一種三百六十行中找不到的行業，也是一種莫名其妙的職業；請的人想偷懶，教的人想「袁大頭」，被教的學生，夾在縫裡，或左右為難，或得意洋洋。說真格的，它有沒有效果，真是天曉得。

目前，能為孩子請得起家庭教師，或能有餘錢給孩子到老師家或補習班補習的家長，一般說來，多多少少都有一種偏差的觀念：他們認為孩子在學校讀書，畢業後的升學，能否順利升級或考取，關鍵在補習費花費了多少而定。

換句話說：孩子在學校成績是否理想，畢業後能否順利的考取理想學校，是由鈔票（補習費）按月一札一札地墊上去的。至於補習是不是得法，有無效果，那才懶得管它呢！反正按月像建高樓似的把「金磚」往上疊，相信終有一天孩子會爬上摩天大樓。

通常在家庭的補習中，有所謂「賺錢型」的家庭教師。這類型的家庭補習，是專為學生的學業成績著想，以成績單上較使家長滿意的分數，來換取補習費。而一般較現實的家長，對這種家庭補習最為歡迎，因此雙方條件一拍即合，並且沾沾自喜效果卓著，金錢萬能。然而，誰又能想到，這在教育上是最危險的交易；這類教師，不僅平日會幫助學童解答習題，而且面臨考試的時候，對於猜題最有心得，只要他點到的題目，多加背念，保證得高分。受到這樣指導的學生，將來難免會處處碰壁，後悔莫及。

有遠見的家長，絕不會讓孩子參加這種方式的補習。對孩子，做家長的對其將來的期望，應該遠超過現在才對。雖然眼前有落第或留級的可能時，我們也只能由根本上救起，一時的填鴨取巧，無助於孩子本身，而有害其將來。

家庭教師把學童整容過的成績，不足以代表其真正的實力，除非是能夠教導孩子著重讀書方法的訓練、讀書興趣的培養，以及能從根本上充實學力者，才能算是上乘的家庭補習方式。當然，這是需要高度的教學技巧，和懂得學童學習心理者才能勝任，絕不是純粹為得到幾個袁大頭來貼補家用的教師所能做到。

筆者以多年當家教的經驗認為：對於自己孩子在家中的學業，如果家長本身有時間、有能力的話，最好是由自己擔負起指導的責任。如此，孩子的學業，因隨時有家長在叮嚀才不至於被荒廢；孩子的讀書興趣和習慣，才能在親情關切下養成。

沒有時間或缺乏能力指導孩子家庭課業的家長。在替孩子選擇家庭補習教師之前，先要了解孩子的個性和程度。通常學童的學習型態，可分成主動型和被動型兩種：主動型的孩子，讀書、學習大多出於自動，其求知慾望比較大。因此家庭教師，要儘量是博學多才、溫和有禮，尤其對於學科要有獨到能力，教學技巧要較為高明，如此才能滿足孩子的學習慾望。

被動型的孩子，他的讀書與學習，大多出自於他人的強迫，或是考試的逼迫，其求知慾望比較低落。因此，家庭教師要儘量選擇經驗老到、嚴格出名，而且指導孩子時，要富有耐心，懂得怎樣去安撫、放鬆孩子緊張的學習心理。如此才能使孩子在學習上，由被動而逐漸的轉變為主動。

最後，筆者還想奉告賢明的家長：目前各級學校的教書先生，難免多多少少會有一些缺乏良心，專把學生當做「搖錢樹」的，當你準備要孩子參與家庭補習時，一定要先認清這些補習老師本身的素質。

（中華日報 64.3.14）

如何啟發學生對體育活動的興趣

教育部為了配合全民體育的推展，提高體育學術研究和寫作風氣，增進國民對體育的認識，特別舉辦「六十四年慶祝九九體育節徵文比賽」。其中體育教師組的題目是「如何啟發學生對體育活動的興趣」。筆者依據這個題目，針對體育教師在教學時候應該如何啟發學生興趣的問題，在這裡發表個人的管見，就教於體育先進。

(1)集中學生注意力。不論任何學習，開始時注意力常是很勉強的，經過若干時日，興趣才發自內心，因為這時候已有濃厚的興趣，而引起自動學習的注意力。譬如，體育課在大操場上課，不但場地遼闊，視野太大，而且同時上課班級很多，學生上課情緒互相干擾，如何使學生注意力集中和持續，是很要緊的。因此，教師應該多從教材和教法上著手，使教材多變化，教法力求生動，隨時注意學生聽講、練習的精神，務必要求學生專心學習。

(2)儘量讓學生得到學習上的滿足。學習能夠滿足，才能激起繼續學習的興趣。換句話說，學習時能滿足，才能激發專心向學的意志；而專心向學的學習，其神經通路才能暢達無阻。反之，強制的學習，神經通路常常會發生阻滯，學習的過程和效果，自然遠不如能滿足的學習來得順利宏大。況且根據體育心理學的理論，學生初次學習的經驗，對他終身的學習影響很大，體育上的一切技能訓練，要想使青少年從事有效的學習，並培養他永久的興趣，每一次練習時，必須使學生有一種適意滿足的感覺。這種適意和滿足，並不是單指精神上得到慰藉，同時也指生理上同樣得到練習後的快感。以游泳為例，通常初學者多少都有畏水的心理，如果教師教學得法，在指導學習的過程中，不使有阻礙學習的因子（如恐懼煩惱等）發生，學習自然容易成功，而且進步神速。學生一旦覺得自己由怕水進步到會漂浮、划水，心中的高興，實在很難形容，這就是日後對游泳感到興趣的源泉。反之，初次學習的煩惱或痛苦，必然會影響學習的進行和效果。同理，如果當時學習時發生錯誤的行為，教師必須隨時給予適當的糾正，使這些錯誤或犯規的行為、煩惱的感覺，在下次不再發生，滿足的感覺也就因此產生了。

(3)選用教材要難易適中，切合學生能力和程度，並富彈性，也有變化。發現學生的興趣減退，注意力鬆懈，更得設法變換教材。一般說來，教材難易適中，能使學生在學習過程中，由嘗試錯誤，到達領悟的階段，興趣自然產生。例如國中學生如果沒有墊上運動或簡易技巧運動作基礎，而驟然教學單槓「槓上大迴環」或雙槓「肩倒立」教材，容易使學生產生畏懼心理，對日後體育課就缺乏興趣了。相反的，教學墊上運動時候，先指導學生模仿各種動物的動作，而產生許多滑稽好笑的怪樣，就在這愉快的氣氛中使學生先了解墊子的性能，再逐次教學比較困難的前滾翻、側滾翻、倒立、後滾翻，甚至於魚躍滾翻等。在這漸進的教學當中，學生就不會畏懼，沒有興趣了。

(4)多給學生活動機會和學習分量。學生活動時，不可太平和，或保持常態，應該由小而大，由近而遠，逐漸增加分量和難度。通常在學生對於活動的心理準備最充分時候，活動機會和學習分量就應該達到最高限度。有時候也可以加入適當的猛烈，或異常而有危險的動作；因為冒險和好奇也是人類原始的傾向之一，應該找機會滿足學生這一方面的本性。不過，實施時候必須注意保護，活動的時間不可持續太久，免得疲勞過度，傷害身體。例如，長距離的賽跑，應該考慮到性別和年齡，以及生理上的狀況。橄欖球運動，二、三年級不妨也給予嘗試的機會。

(5)常舉行團體競賽跟個人技術訓練測驗。好勝是人類本性之一，教學時候不妨多分組練習比賽，普遍的給予競爭和自我表現的機會。至於個人技術訓練和測驗，也應該經常留心指導。因為體育技術的進步與領悟，是增加學習興趣的重要因素。體育教師不可以只提供活動給學生為滿足，因為活動不得其法，日久必起厭煩。比如有許多體育教師，喜歡借了幾個球往操場上一扔，叫學生自由去玩，自己站在一旁或坐在屋裡看報喝茶。這種上課方法是不對的，經常如此，學生對於上體育課便不當回事兒了。

(6)為了提高上課情緒跟學習效果，不妨穿插一些團體唱遊或韻律活動。對於團體的遊戲，與韻律的反應，是人類原始的傾向之一。一般人聽到有節奏的聲響，會不自覺的做出搖頭、擊掌、踏足等共鳴動作。因此體育課中，如果經常的抽出幾分鐘做些團體遊戲或韻律活動，例如上些簡單的土風舞、聯歡舞、唱和跳，以及「老鷹抓小雞」等團體遊戲，相信更能激起學生上課的興趣，老師在學生的心目中更能得到好感。

(7)上課常規要嚴，給分標準可寬。時下的家長和學生們，對於分數越來越重視，往往把分數的高低，作為學生好壞的唯一評價，所以體育成績常常直接地帶動學生的興趣。尤其是近年來，獎學金普遍的設立，體育成績是給獎的重要條件之一，因此體育教師大可利用這種趨勢，每學期開學時候與學生約法三章，嚴格要求遵守上課常規；上課盡心盡力；不放棄可以參加的所有的體育活動。約法如果全部都能遵守，而且能有成效，就可以在公平合理的原則下，給比較高的分數，來誘導學生以後參加體育活動的興趣，達成體育的教學目標。

教學時激發學生興趣的方法很多，以上七點，不過是舉其大者，其他像教師的體育服裝、說話表情的風趣、對同學的愛心，以及學習環境的布置等等，在在都能引發學生對體育活動的興趣。只要體育教師有心啟發，並留心一一做到，相信學生對體育活動，必定會有濃厚的興趣。

（國語日報「體育」版 64.10.13）

（編者按：「教育部體育節」徵文本文榮獲「佳作」獎，獎金1000元。）

體育分項教學

現在中等學校學生所修習的體育課程，項目繁多，教材也逐漸趨向專精。小學時代的通才教育和基礎訓練，已經不知不覺地消失了。

因此，中等學校體育教師對於各項課程所應具備的專才知識、技能，也就迫切需要。培養體育人才的大專院校的體育教育目標，也漸漸的由通才教育走向專才訓練。由這一點看來，學校為了使體育教師人盡其才，充分發揮專長，來貢獻教育事業，實在有實施體育課程「分項擔任教學」的需要。

所謂「分項擔任教學」，就是打破目前一位體育教師全學期專任某一班級的體育教學的傳統方式，改成一位體育教師不固定專任某一班級體育教學，而根據各自的專長、興趣，選擇擔任幾項自己有心得的教學項目。換句話說，一班學生上體育課，每換一種新的教材，便另換一位老師教學。

學校實施「分項擔任教學」以前，應作體育教師專長興趣調查；分配項目之前應開會協調，儘量尊重教師的意願。

學校實施「分項擔任教學」，不但可以使體育教學趨向正常，而且還有下列幾種好處。

⑴學生所修習的各項體育教材，再也不會因為老師本身對教材的是否擅長，而有所偏廢，可以比由同一位老師的指導得到更多的好處。

⑵教師無須再為自己不甚精湛的教材而進行苦練或自責。因而情緒穩定，精神旺盛，教學效果必可大增。

⑶在各級學校體育器材設備普遍缺乏的今天，實施「分項擔任教學」的方式，體育老師之間過去互爭場地、器材的現象，自然可以消除。

⑷學生體育成績的評定會更客觀、公平。

實施「分項擔任教學」，比起目前班級固定專任的方式，利多弊少，不過還要注意下列幾點：

⑴開學以前，體育教師所擔任的班級，仍然由教務處排定，以便負責期末統計成績，或指導體育競賽的事。

⑵所有體育老師的排課，應該儘量集中。至於如何分項擔任跟上課班級的分配，交由體育組在開學時負責協商製表實施。

(3)每班準備一本學生平常成績考查登記簿，每上一項教材，在最後一節課時，由任課老師作測驗或評定等第，作為期末運動技能成績。至於運動精神、道德，以及體育常識等，都由任課老師隨時記錄評分。

「分項擔任教學」的辦法，在班級數多的學校，是最容易實施的；只有幾班的小學校，可以採用擇項交換班級教學方式，其精神仍然有「分項擔任教學」的成分。

（國語日報「體育」版 64. 7. 21）

如何留住師專生不「走」？

拜讀八月十五日國語日報「國民教育」版，陳穎龍先生的「師專生的心聲」後，筆者深有同感。現在，想就陳穎龍先生該說而未說完的話——如何留住師專生不「走」的方法，再提供幾點意見，給教育當局參考。

在未談到正題前，先讓我們談談師專學生為甚麼會有「走」出師專大門，師專畢業生「走」離小學崗位的意念？

二十世紀以來，世界各國都普遍注意如何使教育成為專業的問題，時時在修改師範教育制度。考其原因，不外：⑴由於現代心理學、社會學以及人文科學的發展，使人類重視教育事業。有人稱教師為人類的工程師，如何使此等工程師，達成圓滿任務，專業訓練自屬必要。⑵由於現代民主思潮的影響，使社會階級觀念得以破除。二十世紀以來，各國均極注意教育專業訓練之統一的問題，一切教師，絕無階級高下之分，所以教育學士、碩士，乃至於博士，在小學教育崗位上不乏其人。（見雷國鼎教授著《教育行政》。）根據目前世界教育進步的趨勢，筆者發現目前我國教育有違背此種趨勢的現象。

⑴專業訓練可有可無：依據民國四十七年七月十六日教育部公布：「中等學校教師登記及檢定辦法，四十八年三月三十日修正修文第七條第四、六款，第八款第三、四款，第九條第三、四款，第十條第二款等規定，國內外專科及大學或獨立學院專修科畢業者，得申請中等學校教師之登記，不啻公然否定師資養成機關之存在。換言之，顯然承認不經專業訓練，即可取得合法教師資格。

⑵尊重大專，看重中學，輕視小學：大專乃研究高深學術，造就專才，任務可稱艱鉅，況且師資的選任遠較中小學嚴格，其地位之超然，世界各國極為尊重，我國亦該如此，實屬當然。不過，我國的看重中學，輕視小學教師也是事實。

各國的中、小師資，大多數是出於師範學院以上，取得教育學士學位者充任。雖然目前我國較為落後，但是起碼也該是出自專科學校以上資格。因此中、小學教師待遇，政府應該逐漸拉平才對，可是事實卻不如此。例如：任用（中學聘任，小學派任。）、薪給（指總收入）、年資計算（小學轉任中學年資折半）、員額編制（小學1.1，中學2.0）、行政負擔（中學另由職員負責，小學由教員兼任無給職。）、任課鐘點（中學一千分鐘，小學二千分以上。）、出勤限制（中學無課時，可自由外出，從事副業、兼課或料理家務等，小學則否。）、各種津貼（中學可領導師加給、職務津貼、超授鐘點費……小學則否。），以及社會地位，中學教師的待遇，遠較小學教師優厚。

今天為何五年制師專生，會忍痛放棄師範公費轉考其他大專？為何三年制師專畢業生，毫不留戀專科文憑，毅然離開小學教育崗位？都是由以上兩種現象所造成。同是專科以上畢業，任教小學的待遇和地位，遠不如中學教師，所以才造成有興趣從事小學教育者裹足不前，師專生決心「走」出小學之門的怪象。因此，筆者深深的覺得，要想提高國校師資素質，留住優秀的師專畢業生不「走」，必須從下面幾點做起：

(1)拉平中小學待遇：九年義務教育實施後，中小學同屬國民教育，性質相同，重要性相等，教師的待遇，應該儘可能的拉平，積極的是在鼓勵國民小學教師的工作情緒，消極的是在減少國民小學教師往國民中學鑽營的念頭。

(2)合理的補償：我國目前的小學教育，仍舊停滯於填鴨、注入、講解的教學方式，很少從心理、學理等方法研究發展，所以小學教師至今尚未從「教書匠」中蛻變出來。為了提高小學師資素質，鼓勵未取得師專資格者樂於進入師專深造起見，凡是師專畢業服務小學的，必須比照其他專科畢業任教國民中學待遇調整，或另作合理的補償。

(3)升學深造：師專生升學深造的出路，比過去師範學校畢業更狹小、更絕望，幾乎在師專畢業後，便斷了。為了國民教育前途的發展，為了滿足師專畢業教師升學深造的慾望，師大可以另開國民教育系，保送或招考師專畢業服務成績優良的國民學校教師就讀。

(4)改善師範專校：提高師專師資素質，擴充學校設備，充實圖書，重新訂定師專課程標準，合理編配學分，改進教材，刪除淺薄重複之學科或教材，增加教育原理（教育哲學）、各國教育制度、理則學等學術理論課程，基本教育學科（包括必修科、共同選修科）儘量與師大配合，加強英、數、理等科教學。

(5)准教國民中學：國民教育延長至九年以後，小學六年，初中三年，皆屬於「國民學校」。經教育部核准設置的師專，也就是培養國校師資。因此，師專畢業任教國民中學，可說是名正言順，任何人都不該加以否定。

(6)修正師專教育目標：過去的師專教育，以訓練健全的國校教師為主，分科教育為副。現在因為國民教育延長至九年，師專的教育目標，也應該負起培養七至九年的健全師資為任務。所以，今後師專所走的方向，應以培養健全的國民小學和國民中學師資目標齊頭並進。

（國語日報「國民教育」版 56.9.5）

師專畢業生的困惑

二月十日中華日報「文教與出版」刊登林瑞端老師的「從『師專除外』談起」後，師專的同學，紛紛的用書信、用電話來詢問「林瑞端」是不是我。並善意的指責我，不該只提出問題，而不把解決一途一併提出。更有一位去年中等學校教員檢定考試及格，但因服務未滿不得進入國中任教的師專同學，親自跑到我的住處向我訴苦。當談到師專生的種種時，也令我同掬一把眼淚。

教育當局給師專生的種種束縛，以及師專生如何受到社會的歧視，筆者已在報章雜誌發表過文字；請求教育當局注意。任教台南師專的趙雲老師，也曾在報上沉痛的呼籲教育當局及社會人士，趕快挽救師專生的自尊心。甚至於台北師專校友會，為了師專教育的前途，及自身的權益，向立法院、監察院提出請願。立法院教育委員會審查結果，接受請願，並議決許多方案要教育部改善；可是方案到了教育廳，仍舊束縛重重，並沒有多大的改善。

去年六月間，台灣省教育廳一再的向各報社發布消息說：師專畢業生須服務屆滿規定年限，才准轉任國民中學教員；否則，雖經中等學校教員檢定及格，仍不得轉任為國民中學教員。

局外人看這一項規定，似乎是合情合理。其實，這項規定，很值得研究。

⑴台灣省中等學校教師檢定辦法第五款，應試初中教員資格規定：必須師專結業服務滿五年，或登記檢定合格的國校教師，有七年教學經驗者，始得報考。根據此項規定，凡是經過中檢及格的師專畢業生，至少是服務國校五年或前後在國校任教滿七年以上者，否則便無報考的資格。因此，凡中檢及格的師專畢業生，都已達到國家規定的義務服務年限。

⑵教育廳所以發布此項規定，據我推測，也許是針對前後在國校任教達七年以上，而未服滿師專畢業後的規定年限之師專生（該同學就是如此）。如果我的推測不錯，那麼教育廳的作法，仍值得研究。依據教育部最近頒布的規定，三年制師專畢業生服務年限為三年（實習算服務）。所謂「服務未滿」，應該是結業後，僅服務了一、兩年。由此可知，服務未滿而能中檢及格的師專畢業生，一定是在讀師專前，在國校任教已達五年以上；這也就是說超出師範畢業應服務三年的規定，有兩年以上連同師專畢業後的服務年資，便達三年以上。由於服務的場所，同樣是國校，按道理應該可以合併計算；這好像等於教育廳規

定師範畢業生未經服務便考入師專就讀者，合併服務六年後，同時領取普師和師專文憑一樣。

(3)也許有人會說：「這不能合併計算，因為所吃的『師範飯』和『師專飯』不一樣；吃了師專的公糧，就有義務服滿師專的服務年限。」對！「吃了公糧，就有服務的義務。」可是，我想請問一下：師大學生吃了四年公糧，為什麼有那麼多只教了一年書（算實習）後，便拿了文憑准其遠走高飛，到國外不回來，或改行他就，為什麼教育廳不也來一個：師大畢業生服務滿五年後，才得出國或改就他業的規定。

(4)凡目前中檢及格而服務未滿的師專畢業生，都是入師專前就服完兵役，或無兵役義務的師範畢業生。他們之所以再入師專就讀，完全基於深造的念頭。所以，他們在學時的認真態度，有口皆碑。可是，非常遺憾的，等他們學成後，重返國校教育崗位時，教育當局非但不給他們一點兒關懷，賜給他們比讀師專前好一點兒的待遇，反而硬加上種種的束縛。（如：服務年資中斷兩年，薪水和讀師專前沒有兩樣；學歷不能比照其他大專等）如今，他們咬緊牙根，不怨天尤人地經過長久的苦讀，好不容易中檢及格了，想用自己的專長興趣，本著獻身教育的初衷服務國民中學，沒想到青天霹靂，教育廳又撤出一道擋箭牌，不准他們轉任國中教員。

其實，目前中檢及格而服務年限未滿的師專畢業生並不多，全准他們轉任國中，不但不會影響國小的師資數量，反而可緩和目前師範畢業生無缺可分發的難題。尤其在這正需要大批國中教員的現在，捨這些學經皆優的教師不用，不是值得婉惜的憾事嗎？何況，在這九年義教下，國民小學和國民中學皆屬於國民教育，只要不脫離國民教育崗位，實在應該視同服務年限。教育廳所以發布此項規定，可能是應部分中檢及格而服務未滿的師專畢業生之詢問，因礙於過去的規定，不能不如此發布。

（中華日報　58.3.17）

師專暑期部空中教學的檢討

師專暑期部利用空中教學之設立，是我國師範教育史上的創舉，使我國師範教育學制又邁入新的紀元。這是教育界值得喝采的一件大事。

「處處是教室，人人有書讀。」這是空中學校的一大特色。它具有敦厚民俗，有教無類，撙節經費之三大功能。師專暑期部能利用空中教學，這對萬千的國小老師真是件莫大的德政，比加薪更具價值。因此，在七所師專附設的空中暑期部，報名登記的那一天，各師專皆出乎意料的擁擠，台北市與台灣省加起來，將近有兩萬人之多。甚至於連現就讀於師專暑期部的國小教師，因鑒於空中部不受時空的限制，也紛紛改讀空中部。

中華日報七月九日「地方論壇」以「教師應重視進修」為題，報導出可喜的消息，及精闢的見地：「自從今年二月師專空中教學以來，朴子地區百分之九十以上的國小教師，都已納入進修的行列。不論年齡的高低，也不管已婚未婚，大家都以『不認輸』的態度熱烈參加，這是令人興奮的好現象。政府為了提高國小師資的素質，而開辦暑期部空中班，顯然已獲得初步的成功。……教師能夠努力進修，在個人來說，是謀上進求發展的正當途徑；在國家來說，則是培植人才革新教育工作的重要步驟之一。如果絕大多數的教育工作者都具有力爭上游的決心，不但可以促進教育事業的進步，而且也顯示出國家前途的燦爛光明。」

由中華日報的報導來看，我們可以得到兩點啟示：

⑴教育部創辦師專暑期部利用空中教學，擴大招生之措施，使萬千尚未進入師專進修之國小老師，幾乎一網打盡，統統納入進修的行列，使國小師資的水準更為理想。

⑵教師進修，對個人是謀上進求發展的正當途徑，對國家是培植人才革新教育的利器。所以，這種進修制度，全國上下應有擁護鼓勵的責任。

自從本年二月開始創辦師專暑期部利用空中教學以來，第一個學期已經結束。暑期面授的課程，也已經在七月七日註冊上課了。檢討一個學期來，空中教學推展得有聲有色，值得國人慶幸。但是，亦有許多不盡理想的地方，致使受教的國小教師，不像剛開始那麼熱衷，充滿信心；有的已經中途輟學，有的放棄參加期考，改參加暑期部的入學考試。查其原因，是在實施的過程中，產生了如下的缺失：

⑴教育部與師專間未能圓滿協調：師專暑期部未利用空中教學以前，學生的上課及繳費，皆由各師專完全包辦，對師專行政經費及教授假期鐘點費的收入上，皆有不少的裨

益。但是空中教學一設立，無疑的，教育部及中華電視台，無形中剝削了師專的福利，因此造成師專學校行政人員及老師，採取不合作態度。有的學校甚至於在暑期部招考前放出空氣，要參加空中部進修的學生趕緊報考暑期部，否則在期考評分時，要給點顏色看。嚇得有些平日事忙，研讀較少或年歲較大的進修教師，失去參加期考的勇氣，或改變初衷報考暑期部。

(2)國小主管不明大義：老師利用課餘或空檔時間，研讀與教學有關的書籍，做校長或教導的，應該多加鼓勵才對；因為老師今日所學，明日便可應用在教學上。但是有些不明大義的校長，卻認為這是「不專心教學」的表現，因此處處加以干涉打擊。例如：當初華視安排上課時間，是利用教育部統一規定的國小教師進修時間的星期三、五下午四點以後，此時學生已放學，老師便可集體利用學校的電視機上課，課後一起研討。這不但可提高學習的興趣，老師間的感情也將愈臻融洽。但是卻有些校長，不但不予鼓勵，反而三番五次的建議教育部，把上課時間，更改在週末或星期例假。

(3)假日上課，諸多不便：據筆者非正式調查結果，凡參加師專暑期空中部進修的老師，絕大多數是有家累的。他們必須利用週末或假日，來處理家務或上街買菜。但是從學期中開始改為假日上課後，在「魚與熊掌不能兼得」下，只得捨上課而處理家務了。何況，從上午七時五十五分起，一連要收視五科教學，中間幾乎沒有休息，這實在不是人眼、人腦、人心所能負擔得了的。筆者真不知道主管排課部門的官員，是把學生當作人呢？還是機器？難怪，有些學生乾脆買一部錄音機，上街辦事前，交代家人，屆時按下開關錄音。但只有聽覺，而無視覺的上課，效果又差了一截。因此，有些意志不堅的，也就中途輟學了。

(4)教材過於繁重，講解不夠詳盡：師專暑期空中部之課程，因每節授課時間只有三十分鐘，而教材的分量，比一般面授五十分鐘一節的分量，有過之而無不及。因此，在這有限的時間，講授那麼多的教材，學生學習起來是非常吃力的。

(5)期考試題，不重視啟發：第一學期期考試題，是以測驗題方式出題，出處普遍，值得讚許，但是不重視重要問題的啟發和了解，而偏重人名、年代、數目字的記憶，猶覺遺憾。例如：「兒童發展與輔導」一科，人名的背念題目，一百題中幾乎佔了三十題。

(6)面授徒具形式，不求效果：暑期空中部舉行期末考前，要請師專老師面授三天。但以此次面授情形來看，徒具形式，毫無效果可言：因為擔任面授的老師，自身未進入情況。用來複習嘛——老師本身不甚了解教材，即使了解，範圍太大，無從下手。談談考試方式嘛——試卷尚密封中，無法得知考試方法，所以面授時，只得吹噓一番，俟第二天一考，學生個個大叫「上當」。

(7)監考寬嚴不一，頗多煩言：學生平日聽課與否，無法考查，唯有藉著期考，來激發學生勤奮向學。若要達成此任務，則需靠嚴格的監考制度。但是，遺憾的有幾所師專，監考寬嚴不一；有的老師監考，緊迫盯人，嚴禁舞弊行為；有的卻放任不管，任其傳抄。造成用功的學生煩言嘖嘖，不用功的學生心存僥倖心理，把空中教學的學制破壞無遺。

根據以上實施過程中所造成的缺點，筆者願以個人淺見，並參照其他同學的意見，略抒改進方法，作為今後師專暑期部利用空中教學上改進的參考：

(1)師專暑期部利用空中教學的事權，教育部與師專間應有明確的劃分，尤其學分的分配，應重作合理的分配，以免學生夾在兩者之間蒙受其害。

(2)請教育部重申國小教師統一進修時間，並分函國小校長鼓勵並協助同仁進修，以收教學相長之效。

(3)恢復原來星期三、五下午上課，除非萬不得已，不可輕易更改上課時間。

(4)重新全盤編配上課教材分量及進度，或增加上課時間。教授上課方式要有變化，不宜全學期皆坐著講授，可仿照教室上課方式進行。

(5)試題應著重觀念的了解，和問題的啟發性，切忌偏執問題的記憶或背誦。上課講述中，最好亦能隨時提示重點。

(6)擔任面授教師應事先參加講習，或由教育部派專人到各師專統一面授，以講求實效。亦可能利用面授時間，舉辦與課程有關的學術演講。

(7)監考務必嚴格，可採用大考場制，使學生有良莠之分，刺激其發奮向學。

(8)各科教授最好在開學初，介紹參考書籍一至三種，規定學生課餘閱讀，並作讀書心得報告，加強學生研究興趣，增廣學習領域。

(9)各科授課完畢，到期考前，至少要有二週給學生溫習功課的時間。

(10)從嚴慎選教授擔任教席，不宜拘於各師專挑選，專由一人擔任全學期，以增加教學效果。

（中華日報「文教與出版」62. 7. 26）

國中教師九月起薪合理嗎?

從十月十五日報載得知：高雄市長王玉雲，為了新進教師起薪問題，打破了行之有年，全國皆然的八月一日起薪傳統，堅持從九月一日起薪，開創了教育界給薪新例。王市長從今年二月一日起就任高雄市長以來，處處表現出其勇於負責，勤於革新的有魄力作風，素為筆者欽羨。但是唯獨這件新構想、新作法，筆者卻以為王市長在未完全了解實際情況前，就憑「國中九月開學，教員九月才開始有課上。」「工作做多少，待遇給多少。」的粗淺想法，便草率的決定「國中新進教師從九月起薪」的作法，而且固執得有點不近情理，雖經各國中校長，對這種作法迭次進言，仍無法改變其既定原則，實感憾深。

所謂國中「新進」教師，通常可分兩種：(1)剛離開學校，新任教職的大專院校畢業生。(2)過去原擔任教職的調任教師。

到底「國中新進教師從九月起薪合理嗎?」答案只有一個「不合理」。理由如下：

(1)一般國中校長聘請第一類教師，通常視增班及缺額教師的多寡，在大學未舉行畢業典禮前，即給予草聘。畢業後，大多數即向學校報到，辦理敘薪手續，並開始了解學校情況，著手準備教學工作，甚至於有些兼任行政業務者，隨即參與下學年的開學準備事宜。故其從八月份起薪，實不為過。至於聘請第二類教師，平常是在學年結束前，分發原任教師續聘書後，視退聘者的多寡，決定聘請此種新進教師。因此，此種新進教師的聘請，無論何時聘定，不管在原校，或在新校，其工作是持續性，故給薪當然不應中斷。

(2)九年國民義務教育實施後，過去的初級中學時代，與現代的國民中學，各種教育措施迥然不同。其中最大的差別是，初中必須經過入學考試，而國中是由小學直升，無須考試。依照教育廳的規定，國中新生從七月十五日報到開始，每週必須到校半天，實施「新生入學暑期學習活動。」指導老師除校長聘請若干有經驗的主持人及輔導員外，各班導師必須隨班參與活動及指導工作。而這些一年級新生導師，絕大多數是新進教師。因此，新進教師事實上已從七月十五日開始擔任教席！所以其薪給不從七月份發給，已猶覺虧待他們。如今，王市長硬要說新進教師尚未參加教育工作（其實早從六月份開始了），即白領一個月薪水，於情理上說不過去，而把八月份薪水扣發，未免太離譜了。

(3)暑假期間，據報紙的消息得知，高雄市國中教師缺額極少，而各方爭取的人多，王市長為了需要，曾參與國中校長聘請教師的工作，而使聘請工作延誤到八月底九月初才完成。造成新進教師無法參加七、八月份學校的正常工作，也使學校行政遭受許多的不便。此種雙重損失，王市長理應深知。

⑷學校教育事業，和一般工廠的職業不同，不宜「以工計酬」方式處之。王市長為了節省市庫支出，認為新進教師八月份沒有上課（其實有上課，可能為王市長一時失察），不應發薪，這種論點如果可以成立，那麼暑假期間沒有上課的何止國中新進教師？全國各級學校教師都在休假，那麼也應該比照新進教師一樣，留職停薪，以示公允。待開學後，有上課時，再發薪水。如此作為，則教師豈不成了零工？

王市長自上任以來，為謀求市政進步，銳意革新，為市民有目共睹。但革新之前，應作全盤了解，並廣徵專家意見，作為革新之參考。因此，我願提出以上看法，以供採擇。

（中華日報「文教與出版」62.11.8）

參加活動會影響讀書嗎？

在一次體育集訓的檢討會上，有個同學站起來問道：「我們很喜歡參加像這一類的集訓活動，可是家裡的人總認為我們不讀書，整天貪玩，所以不樂意讓我們參加。我們也覺得參加這些活動，心裡頭好像比別人少讀了許多書似的。請問老師，到底參加活動會不會影響讀書？要怎樣才能使活動和讀書兩者兼顧？」

當時，奉了營主任的指示，我是這樣回答的：「你的問題問得非常好，這不僅是你個人的問題，也是大多數青少年常有的煩惱。你今天提出這個問題，可以看出你的內心，就像多事的波蘭一樣，每天都在想鬧罷工。」學員們聽了我的比喻，覺得很好笑，於是個個坐直身子，兩眼瞪著我。我心裡想，我該接下去講了。

「參加活動和讀書，一般人都認為如同水火不相容的兩個小冤家，以為參加了活動就會影響讀書的情緒和時間，若要把書讀好，就要放棄活動。乍聽之下，這種說法好像很有道理。其實，這種論調在心理學上是站不住腳的。心理學家認為，愛活動是人的天性，是與生俱來的。何況讀書本身也是活動之一?所謂『教學活動』,應該是從活動中達到學習的目的,只是目前被人誤解讀書不是活動了。一個人除了工作以外,如果找出幾樣喜歡的活動去參與,那麼他的人生會過得更踏實,更愉快、更幸福。同樣的,一個學生在課餘之暇,適度地參加課外活動,不但過剩的精力得以發洩,而且也可以平衡讀書的情緒,使讀書效率更為提高。所以參加活動的本身並不是壞事,不活動或過分的活動,才是壞事。

愛讀書不是與生俱來的,是受後天環境的薰陶培養出來的習慣。國父在論教育的重要中曾說過:『人不能生而知之,必得學而後知;人不能皆好學,必得教而後學。』所以求知在於學,好學貴在有恆。但是根據生理學的看法,一個人的生理結構和能耐,是不能一天二十四小時都在用腦的緊張狀態,中間必須作適度的放鬆。如睡眠、散步、運動、閱讀一些喜愛的書報等,使長時間用腦後產生的煩躁得到發洩。如此身心才能得到平衡發展,情緒才能穩定、專注,讀書的效果也就可以越發提高。由此,我們得到一個結論,適度的參加有益身心的活動,不但不影響讀書,反而會使你的學習更有成就。

談到這兒,也許有些同學會問:要怎樣參加活動才算適度?其實,這個問題很簡單,只要你根據自己的才能需要,訂一個讀書計畫,安排『讀書與活動』的時間表,隨時提醒自己,切實遵行,不可輕易原諒自己;如果活動時間過多,事後一定要即刻設法補救,以免荒廢學業。

另外，還要懂得珍惜零碎時間。譬如你是運動選手，參加三天的縣運動會。這三天中，不可能馬不停蹄地參與比賽，一定有不少沒有出賽的時間。這時候你便可以好好地利用它。除了休息時間外，可以勻出部分時間看看書，或了解當天未上的功課。能夠這樣珍惜時間，你就不會由於參加活動比別人多而少讀書了。如果你壓根兒不愛讀書，即使要你整天捧著書，不參加任何活動，照樣也讀不好書。聰明的同學們，你們認為我的話有道理嗎？」

（國語日報 70.8.6）

當前國語文程度低落的原因及改善策略

曾幾何時，國語文的教學環境變了：課程再也不分主副科，各科老師教課時數不分學科、術科，一律排二十至二十二節；班級的國文上課時數，每週由六節減為五節，每節由五十分鐘減為四十五分鐘。換句話說，國文科上課的時間，由過去的每週三百分鐘，減少到目前的二百二十五分鐘，幾乎減少了三分之一，請問國語文能力怎能不低落？

教改實施後，高中入學分發所依據的基本學力測驗，國文科分數的比重不再加重，作文也不考了。台灣一向都是「考試領導教學」，居然國文不再重要，作文也不列入考試，學校自然不再重視國文，不要求老師一定要上作文，作文批改更沒有立場要求了。於是，國文老師終日為上不完的課奔波，為跑不完的教室恍惚，為備不完的課（不只國文一科）傷神，哪有多餘的時間指導學生廣泛閱讀？哪有多餘的精力關注學莘語文能力的訓練？在這種不再重視國語文教育的政策之下，國文老師哪會有崇高的理想、燦爛的服務熱忱？請問年輕學莘的國語文能力怎能不低落？

當前的社會，大家都在一窩蜂地追求科技文明，每天離不開電腦，鎮日迷戀網咖，沉醉於聲光嬉戲之中，再也難得翻閱課外讀物，提起筆寫東西，從小養成只聽、只說的習慣，不屑做基本的手寫訓練。在這樣的大環境下，若沒有一套完整有效的改善策略，又怎能使年輕一輩的國語文能力提升呢？

國語文程度低落的改善策略

在如此非常不利於國語文教育發展的大環境下，想要提升孩子的國語文能力，必須拿出非常的手段來面對。這種非常的手段，不是單靠哪一方面的努力，就可以竟全功，必須結合家庭、學校、老師、社會和教育當局，共同參與，齊心努力，才能真正有效的提高孩子的國語文能力。

一、父母要陪孩子共同成長

「一綱多本」的教育政策，在國中方面已經進入第二年，我時常遇到關心孩子教育的家長向我訴苦。他們說：在各科教科書中，一綱多本的政策，造成他們許多不知如何應付的窘境，尤其是國文，更帶給孩子和家長無窮盡的困惑，因為浩瀚的文學書籍，到底哪一本書、哪些篇文章，該給孩子閱讀？讀一家版本的課本夠不夠？還是要讀遍各家版本才能竟全功？可是三年後的基本學力測驗，據說又不從各家版本出題。請問，這種做法不是讓孩子、家長無所適從嗎？訴完苦後，要求我以調教自身孩子的經驗給他們點一盞明燈。

每次聽到這種「三聲無奈」的心聲，我心裡也十分同情。我只能告訴他們：兒孫自有兒孫福，不要過分強求、緊張，免得造成孩子過度負擔和壓力。只要父母下班後，少出外應酬，多陪陪孩子一起看書、成長，充分提供有益的書籍，適時給予解惑、鼓勵即可。就像我家有四個孩子，我和太太雖然學校教書工作很忙，但是下了班一定陪著孩子，晚飯後看完電視新聞，便各自回到自己的房間，孩子們寫功課看書，大人批改作業、閱報、看書、寫作。遇到功課上的問題，小學的問媽媽，中學的問爸爸，或者到大書房裡找工具書、查資料解決。書房裡有她們想看、愛看、有需要看的各類書籍，以及長年訂閱的國語日報，陪她們一路成長、壯大。如果在學校的作文或在作文裡的作品，偶有佳作，便協助她們投稿；遇到作文比賽，也會鼓勵她們參賽，僥倖還屢屢得獎。從小學、中學、大學、研究所，一路走來，無論學業或國語文能力，她們都能應付自如，不曾讓父母操心過。

二、學校要營造出文學環境

無論教育政策怎麼改變，學校行政人員及老師，必須要有一種堅定不變的理念——國語文教學是一切課程的基石，基石穩健，其他課程學習起來也就方便許多了。所以平時要重視國文，尊重國文老師，協助、鼓勵他們把學校經營成有濃濃文學氣息的環境，讓學生隨時隨地浸潤在文學裡，想不文學也難的境地。例如：學校圖書館有豐富而切合學生需要的圖書及報章雜誌；校園各角落、走道、洗手間……等地方，可布置有圖文並茂的古典詩詞、新詩、名言等圖片；學校各樓層轉角，闢有溫馨舒適的家庭式閱覽室，讓學生下課時，就近養成、滿足閱讀的習慣。

另外設置文化走廊，公布師生發表於報章雜誌中的作品；並在學生上下學最醒目的地方，擺設「每日一句名言佳句」、「每日一字錯別字辨析」欄，請專人或實習老師負責更換；定期出版校刊，刊登師生作品。行有餘力，可邀請作家到校舉辦文學講座、文學研習營……等。

三、國文老師要有一套培訓計畫

平心而論，「一綱多本」的政策實施以來，由民間出版的國文課本，要比過去國編本編寫得詳盡、精美、深入，更處處為國文老師想設周到。無論備課、教具、作業設計、試題評量、教學活動設計……等，都替老師準備妥善，只要老師有心，相信教學工作必能勝任愉快。在教課之餘，對於學生國語文能力的培訓，職責所在，似乎應該訂定計畫，按部就班實施，如此一來，雖然上課時數減少了，但是學生的語文程度，也不至於低落太多。

提高國語文能力的方法很多，除了課內的功能外，課外可以結合週記的寫作，補作文課的不足；開學時請同學各自準備一本「活頁剪貼簿」，指導同學閱讀到好文章時，設法剪貼在簿子裡，作為自己的「心愛文學專輯」；開學時，也請同學從家裡帶幾本已看過的好書到班上，成立「小小愛書櫃」，由學藝股長管理，讓同學借閱，學期末各自取回。另外，老師可以和同學共同商定購買一本訓練語文能力的專書，利用早自修或自修課，輔導國文小老師作長期有計畫的培訓。

四、發揮社區圖書館、閱覽室、書店的功能

課餘或假日，常往圖書館、閱覽室、書店跑的孩子保證不會變壞；反而整天泡網咖的孩子，就不敢保證了。所以沒事時，家長要多陪陪孩子到圖書館、閱覽室、書店，甚至於大型書展去看書、買書。只要孩子一旦養成愛書、喜歡看書的習慣。那麼孩子的語文能力，便會在不知不覺中提升很多。

現在各地區大樓林立，每棟大樓便形成了一個社區，據我觀察，很少有社區圖書室的設備，這對該大樓中的孩子們，未嘗不是一種提高語文能力的損失。如果大樓管理委員會能登高一呼、徵募圖書，成立圖書室，以提升該大樓的文化水平，給孩子們有充實知識的機會，不是功德一件嗎？

小外孫秉融，現在剛讀幼稚園中班，每次由板橋到台北溫州街的家來看外公外婆時，最愛做的除了玩玩具、看故事書外，就是到附近的「誠品兒童書店」去看書，因為那兒可以坐著、躺坐看很多自己喜歡的故事書，還有義工大學生講故事、念故事給小朋友聽。只要他聽過幾遍，雖然認不出幾個大字，但是他可以有模有樣的一面翻著、一面從頭口述出

來。如今，《千家詩》、《三字經》、《論語》等都能背得滾瓜亂熟。有一天晚飯後，我打電話是他接的，我問他在做什麼？他劈口就說：「讀《大學》！」我拿著電話筒楞了半天，聽不懂他的意思。「讀《大學》的書呀！公公我背給你聽：大學之道，在明明德，在親民……」後來，我問女兒會不會「揠苗助長」？她說：「不會呀！這是跟著讀經錄音帶自然背會的。」這個小成果，就是女兒下了班後，時時陪著小外孫讀故事書的辛勤收穫。

五、教育當局應痛下決心改善缺失

造成當今年輕學莘國語文程度日漸低落的原因，教育當局應該負起最大的責任。因為這是教育政策的缺失，才造成如此令人痛心的偏差現象。今列舉教育政策的重大缺失如下：

(1)高中入學所依據的基本學力測驗不考作文，是罪魁禍首。因為不考作文，所以造成學校不要求上作文，師生樂得輕鬆，不寫不改，因而造成國語文能力的快速低落。

(2)國文上課時數幾乎減少三分之一，其他科目不減反增，影響學生對國文教學的態度和意願。

(3)「一綱多本」的教育政策，放任各家出版社自己隨意選文，漫無標準，使師生適應不良。辛苦上了三年六冊的國文課文，居然高中入學的基本學力測驗不列入出題範圍，那何必辛苦來著，真是滑天下之大稽！

⑷基本學力測驗的試題，沒有範圍、沒有藍圖，隨命題教授天馬行空出題。這不是太為難學校師生及無數家長了嗎？這種政策真是令人無所適從。

⑸高中入學辦法、學測計分方式，尚有許多改善空間，盼能一併檢討改進。

以上是造成當今國語文程度日漸低落原因的瀛瀛大者，盼望教育當局痛下決心，力求改善。例如：課本選文可召集目前正在國中使用的各家課本主編，一起商討決定一半的必選課文，另一半由各家自選。高中入學基測出題時，必選課文列入出題範圍的一部分，其餘以國語文基本能力出題。如此改善，多少可以喚起師生對課本教學的重視和努力方向。

（節錄自「翰林國文教學專刊」 第5期 93.3）

第三輯

杏壇極短篇

常態編班能堅持多久？

今年一年級的新生，報到人數統計結果，又跑掉了三班。這是因為學校堅持常態編班以後，連續第三年的減班。

我們學校是全縣班級數最多，升學、校際競賽等都是最傑出的學校，是過去被公認為人人想進的「明星」國中。

可是近幾年來，周邊的國中紛紛私下採用「資優班」、「自強班」的招術下，再加上鄰近私立國中「只收好學生」、「嚴管、強教、重升學」的策略下，國小應屆畢業的優秀學生，以及不願讓自己孩子當「彩球」來碰運氣抽籤編班的家長，便紛紛遷戶口，遠離常態編班的學校就讀。

據筆者多方打聽，全縣仍然堅持遵照教育部常態編班的規定，已經沒有幾個學校，像這種在「編班花招」的蠶食下，教育當局又不聞不問，常態編班還能堅持到幾時？

（國語日報 83.8.30）

爲青少年廣設運動場所請命

近年來，筆者常利用課後假日的黃昏時分，到離家很近的忠孝國小運動，或到國小旁的忠孝公園散步。原先利用這兩個場所作休閒活動的人口不分軒輊，可是最近冷熱場面卻截然不同。

去年忠孝國小向教育廳爭取八十多萬元經費，在學校操場周圍的空地上，增建了一個多功能的綜合球場。

自從球場完工使用後，每天吸引了一大群的青少年來打球；也有白髮爺爺帶著孫子來湊熱鬧；更有不少父母下班以後，帶著孩子來做親子活動。真是熱鬧滾滾，充滿愉悅的氣氛。

反觀忠孝公園，不論是白天，或是華燈初上的夜晚，偌大的公園，卻門可羅雀。

走在身旁的內人每睹此景，都感嘆的說：「時下的新新人類，為什麼會製造出這麼多社會問題？其中最大的原因是過剩的精力無處發洩。如果在這麼寬廣的公園裡，也能為青少年添設一些他們喜歡的運動器材，讓他們盡情的跑跳，發洩心中的鬱悶，相信運動過後，回到家裡，必然是乖寶寶。」

內人的話真有道理，但願各級政府能多替青少年設想——廣設運動場所。

（國語日報 84.4.7）

我對新編國中國文第三冊的看法

最新編輯出爐的國中國文第三冊拿到手後，經過仔細閱讀研析，我個人有幾點看法，想一吐為快。

這冊國編新課本，共有十五課，有十一課是舊課文，有兩課是舊作者換新文章，只有兩課是新安排的課文。由這種改編的方式，顯現出這次的編輯群保守有餘，力圖改革的企圖心卻顯然不足。在許多舊課文中，不合時代潮流，不符現實需求的卻沒換下。例如談政治抱負、淑世理想的〈孔子的人格〉，及針砭國人做事不認真確實的〈差不多先生〉等課文，對時下的青少年來說已是不痛不癢了。

更換的兩課，其中鄭頻的〈成功〉換成〈酸橘子〉一文，對時下「少年仔」的兩性互動及愛情觀，的確有很好的啟示，值得喝采。可是另一課孟子的〈齊人〉，換成〈齊人傅之、奔喻〉兩則課文，我認為是敗筆，因為此文的時空隔閡及文字障礙，實在不宜選為國中課文。

新編選的兩課，其一為劉俠的〈生之歌〉兩則課文，鼓勵年輕人熱愛生命、追求生命之美的精神，很能導正現在年輕人動不動就輕易戕害生命的歪風。另一課陳冠學的〈田園之秋〉對西北雨有氣勢滂沱的描繪，很具震撼力，只是文中貝多芬的「牧羊人之歌」，距離青少年實在太遙遠了。

這冊最特別的該是沒把新詩列入課文，破了幾十年初中及三十年來國中的紀錄。不知道是選不出好新詩呢？還是剛萌芽的新詩文化不值得重視？

（國語日報 87.9.15）

提升國中生學習國文興趣 改善命題技術刻不容緩

元月十九日看到本版劉德新老師對國中生學習國文的看法，乍看起來似乎滿有見地，但實際上卻有段落差。

其實，彭康銘同學的困擾，主要是在國文考試時，出題老師常考「統一」的題解、作者生平、注釋、詞性及修辭學，認為抹煞了他們的思考能力和靈性共鳴。這種困擾也是大多數國中生的切身之痛，值得國中國文科教師深思及改善的問題。

去年底筆者應教育廳委託中教研習會的邀請，擔任「全省國中八十三學年第二學期第二次段考試題評鑑分析」工作時，在各縣市國中所抽樣而來的六十幾件試卷中，發現大多數的試題，偏重記憶性、知識性，屬理解、思考性的不多，而應用、綜合性的則少之又少。所以如何改進國中段考命題技術，是當前國中教育中刻不容緩的重要課題。

教師講解注釋時，除了字音、字形外，最重要的是字義的分析。分析字義，自然就會談到詞性。例如「火紅的太陽」;「火」本是名詞,在這兒卻是修飾形容詞的「紅」,所以「火」是副詞。在賞析課文時,除了文意探討外,若想知道文章好在哪裡?美在何處?就得借重修辭學的知識,才能看得透,說得清楚,不但「知其然」,而且還「知道所以然」。例如「你沒有老子,是多麼得意的事!」這句話,如果你只從字面上了解,而不從隱藏在言辭背面的「真意」(倒反)去探索,那你便學不到文章的精髓。

依我的看法,注釋測驗要靈活不死背,詞性文法修辭的介紹要簡易的、常用的,利用課文賞析時能隨機教學,讓學生自然學習。除了在國中國文第五冊「語文常識」作統整教學外,不必刻意單獨練習,也不必移到高中階段實施。在命題時,要避免冷僻死記的背誦,而且所佔的分量不宜過多,並講究命題技巧。

(國語日報 85.2.2)

談國內九年一貫新課程

這次九年一貫新課程標準最大的變革，是簡併科目，去掉重疊內容，和大量減少教學時數。且將全面取消現行國中學生從上午七時三十分到下午五時三十分，留校長達十小時的不合理學習時間。

只要稍具教育理念及良知的國人，看了這則消息，想必內心會覺得振奮，並感嘆的說：教育早該如此興革。筆者曾隨團考察日本教育輔導制度兩週，發現日本在升學競爭壓力上並不遜於台灣，可是每天也只排六節課，每週五天，週六隔週作聯課活動。在研討會上，我曾多次請教各校長有否另排課外輔導，所得答案皆是否定。可見此制度確實可行，只是配套不可忽略，諸如小校小班、廣設高中、增強師資陣容、規劃人性化校園、提高輔導功能、教學生動創意、教材多元實用等，都是努力的方向。

（國語日報「大家談教育」 87.8.4）

試辦無鐘聲、不廣播的學校

上學期開學初，筆者隨教育考察團赴日本參訪，其中無鐘聲、不廣播的廣島市「五日市南中學校」，給我的印象最特殊。

該校共十八班六百三十八名學生，在日本來說，算是大型學校。全校上下課從不用鐘聲，也不用廣播，完全由師生自己看錶，該上課時就上課，該下課時就下課，養成學生自律、自知、自制精神，其目的在推動自主性的教育。

村田校長指出：沒有鐘聲的拘束，可以提供學生完全自主思考的空間，就像無鐘聲的家庭一樣；利用適當的公告替代全校性廣播。實施過程中難免有些「陣痛期」，自主性較薄弱的學生，交由該班學生自治小組督促學習及行為的改善，學校不輕易出面干涉、處罰。

反觀國內學校，多數學生欠缺自主性的原因雖然很多，但是從小到大隨時受鐘聲的控制，長期依賴廣播告知的學校教育，是脫不了關係的。況且民意高漲的現在，在幾近氾濫的上下課鐘聲和高頻率的廣播噪音，常遭到附近居民的抗議，以及學校師生厭惡之際，無鐘聲、不廣播的學校教育，實在有試辦的必要。

（國語日報 87.12.15）

也談掛羊頭賣狗肉的教育

自從我辭掉了行政兼職，近十年來擔任導師工作，陸續帶了三屆畢業生，年年都得為班上的任課老師傷透腦筋。例如：輔導活動從一年級第一節開始，學生自修，老師「坐枱」到學生畢業。學生提出異議，老師「理直氣壯」的說：「這不是我的本科，是配課，教務處說不會教就監督自修。」美術課在一年級上學期，老師的某項專長上完了以後，便節節自修，一直到畢業。二年級時，我曾建議學校換老師，該老師說：「好不容易才熟悉了班級，二年級換班級，違反教育原理，不可以換。」其他童軍、聯課活動等，配給哪位主科老師，便順理成章的上哪一科。因此，產生了「掛羊頭賣狗肉」的教育，也引起學生、家長的不滿與抗議。導師變成了夾心餅乾，實在不勝其擾，因此我辭掉導師，想圖個清靜。

今年我除了教兩班國文外，也爭取到六班第二專長的輔導活動，上了幾週後，我發現活動手冊編得實在生動、活潑，而且切合學生胃口。只要教師先不要排斥，耐著性子跟著手冊的設計去實施教學，一定會越教越有成就感。例如第三冊單元〈陪伴與傾聽〉的一段話：「難過和挫折是每個人都會面臨的難題，好友（家人）的真心陪伴、傾聽，是度過困境的助力。」我並以台中女中資優生跳樓的故事做例子，如果她國中時有好好的上過輔導活動，感情受挫時找人陪伴與傾聽，相信她現在一定還活得好好的。

（國語日報　87.10.2）

體罰解不解禁沒多大意義

最近的媒體，無論平面的文字，或立體的廣播電視，都在大量的談論「體罰」問題，對於「體罰」是否解禁，爭論不休，這種爭論到底有多大作用，不知有沒有人評估過？

體罰禁不禁，對大多數的老師來說，沒有多大意義，就像亂世要不要用重典，對守法的百姓，沒有多大影響一樣。我始終覺得教學是一種藝術，管教學生是一門學問；面對學生的行為，每位老師的心中要有一把尺，時時衡量要如何處理才適當。同樣一個行為問題，處理的方式可能要因而人異。

我讀師範實習時，聽過一個案例：有位級任老師假期過後，檢查家庭作業，竟然有十多位沒寫完，問原因個個都有藉口，為了公平起見，一律每人鞭打三下。從此以後，每年的這一天，這位老師都會收到一位學生遠從美國寄來的懺悔信，這一天也成了這位老師的「懺悔日」。

因此處罰學生以前，當老師的起碼要有下列過程：知道錯了？該不該罰？怎麼罰？罰了會不會改？不罰會不會改好？好！這次原諒你，帳記下來，下次再犯，可要加利息。

體罰解不解禁，對廣大的老師群來說，沒有實質的幫助；罰錯了，老師自己內心不安；罰出事了，上法院判刑、罰款、去職，誰又能幫得上忙？所以，奉勸各位老師們，請善用您的專業智慧，多種善果，少造業障。

（「六堆」雜誌　第62期　86.8.1）

校長回任教師有何不可？

李登輝總統為了政治改造，以前曾說了一句語重心長的話：內閣改組沒有永久的政務官。同樣的，教育工程如果要改造，似乎也可補一句：教育要革新，也該沒有當一輩子的校長。

民主時代的各級政府首長、民代，哪一個沒有任期？哪個不受民意的洗禮？哪一個可幹一輩子不下台的？只有目前的中小學校長是「一日為校長，終身當校長」。基於此，經立法院一讀通過的「教育人員任用條例」，有關「高中以下校長採任期制，兩任期滿得回任教師」條文，深具有時代意義及前瞻性。所以，筆者認為校長回任教師有何不可？除時代潮流外，尚有如下理由：

⑴校長是老師的老師，除了行政專長外，教學專長也不可少，否則當校內老師課上不好、學生管不動時，校長若沒兩把刷子，怎能當老師的老師？若要有教學專長，最佳方法是校長當一段時間後，回任教師，實際臨床體驗進修。

(2)先哲有云：權位會使人腐化。任何權位在位越久，工作熱誠也就越減退。而校長當越久，關心老師、照顧學生的意願，便自然相對減低。若想改變此現象，唯有回任教師的制度，才能使其惕勵，學校教育才能永續發展。

(3)可提升老師的地位：社會一般人的眼中，在中小學校裡，校長的地位最高，主任次之，老師最微不足道。如果校長任滿回任教師的制度普遍實施後，這種現象自然不復存在。何況只要是真正人才，仍然有被遴選再回任校長的機會。

（「六堆」雜誌　第62期　86.8.1）

丁文江卒於何年？

國中國文第二冊第九課〈太行山裡的旅行〉作者丁文江（字在君），依據課本作者欄介紹，係卒於民國二十四年（無記載月日）。但是筆者手頭的資料，卻都是卒於民國二十五年。例如：

(1)阮維周先生著〈丁在君先生在地質學上之貢獻〉一文，其中有一段話：「民國二十五年，先生受任測勘粵漢線湘潭煤礦之工作，慘受煤毒，乃於長沙不治而逝。」

(2)傳記文學叢書之二十一《丁文江這個人》一書，曾記載著：「丁在君江蘇泰興人，清光緒十三年生，民國二十五年一月五日死於湖南長沙，因煤氣中毒而死。」

(3)傅孟真先生所著〈我所認識的丁文江先生〉一文，也是說丁文江死於民國二十五年。

丁文江先生發跡於民國初年，在當時的科學界、文學界，是位響叮噹的人物。而且又和胡適之先生頗有交往。他們之間的文獻，目前所留存下來的也不少，所以其確實的死辰，相信很容易考證出來。因筆者手頭資料有限，並自覺才疏識淺，不敢武斷丁在君先生卒於民國二十五年；所以藉「國中語文指導」一欄，就教於教育界諸先進。

（國語日報「國中語文指導」64.5.11）

第四輯

生活小品

天賜芳鄰

自從遷入新居到現在，已經整整一年多了。我和內人上班、外出，家裡除了「鐵將軍」把門外，無須家人，也無須飼養一隻看門狗來給我們照顧門戶。每天我們兩人很放心的來去自如，家中從來沒有小偷光顧，這原因則要歸功於我家和鄰居守望相助的結果。

在我的親戚朋友中，去年同時和我遷入新居的有好幾家，一年多以來，他們的家遭到小偷光顧好幾次，雖然損失不大，但是每次經過小偷洗劫後的狼狽狀況，讓人看了真要難過好幾天。所以他們經常好心的提醒我說：

「老林啊！你蓋的樓房，外面看起來，比我們的更要吸引小偷，何況又是獨門獨院的。我勸你還是趕緊把老母親接來住，再不然也要養一隻狗，否則小偷遲早會到府上去拿『救濟品』的。」

接母親來住，我和內人何嘗不想？但是七十多歲高齡的母親，一直不習慣於「爬樓梯」的生活；況且鄉下還有行動不方便的父親，需要她的照顧。養狗我不喜歡，因為麻煩的事很多，家中又沒辦法乾淨。所以門戶的安全問題，就很自然的寄望於前後鄰居了。

說起我家和前後鄰居的相處，真像是佛家所說的一種「緣分」。他們是以務農為生，長住於此，而我是買地建屋，臨時介入。但因語系同屬「客家」，所以倍覺親切，一見如故。從我的新居破土開始，他們就自動的給我「守望相助」了。因為有感於他們的盛情，因此我和內人和他們相處的時候，無論言語、態度，我們都掬誠以待，小心翼翼，怕有怠慢的地方傷了和氣。

小孩子到鄰居家玩耍的時候，內人一定會提醒他們有禮貌，守規矩，不隨便動人家的東西。情況一有不對，立刻帶回家，儘量不讓鄰居有厭惡的感覺。

內人是屬於「閒不住」類型的家庭主婦，下班回來，或星期例假，常常做些包子、水餃等麵食，或者利用冰箱做些冰棒等冷食點心。除了給自家的孩子吃以外，還送一些給前後鄰居品嘗。

有時候經營雞場的岳父母送來雞蛋或肉雞時，我們也分一些給鄰居加菜。雞場的蓮霧和釋迦果收穫時，小蘿蔔頭們也會幫著送過去，孝敬疼他們的「伯公」、「伯伯」和他們的家人。

一般說來，種田的人大多數是人情味很濃的，他們收到人家送的東西，總會拿一些東西回報。因此他們家田裡收穫的產品，最先享口福的，除了他們家人外，可能就是我家了。竹筍、青菜、水果、池塘的魚……，一天到晚朝我家送。有時候，兩家送勤了，剛好在門口碰面時，會互相嘲笑說：「我們好像又回到以物易物的古代人類生活了。」

互贈東西在物質上可說是微不足道，可是在情感的交流上，價值是無法計算的。尤其對雙方生活的情趣，更有莫大的助益。鄰居跟我家之間，不論是見面或是交談，都能體會出我們之間，雖不是親人，但是卻情同手足，像一家人一樣。所以他們讀小學的孩子功課上有問題時，很自然的會跑來請教內人。而我家上幼稚園的小女，在家吵我或內人做事時，鄰居聽到了，就會跑來帶小女到他們家去玩兒。

平常無事時，我家和對面徐伯伯家的聯繫是靠「看報紙」，徐家訂閱的是優待蕉農的南部版報紙，因此我每天臨上班前，必往徐家看報。而我家看的是北部版的國語日報和另一份大報，我家下午有人下班時，他們也會跟著來看報，大人小孩都看。所以我們兩家的人不管有事沒事，每天總得見見面，談談天。如果一天中不走動走動，就好像還有甚麼事沒做完似的。

遇到有事時，不要通知，無事的一個就會自動跑去幫忙。例如：農家一年兩次的收穫季節是最忙的時期，割稻、插秧，我雖沒那能耐，但下田拔豆子，我卻頗有經驗，所以我藉口鍛鍊筋骨，下田幫忙。坦白說，我雖幫不了多少忙，但經我一插手，頓時拔豆子的士氣就隨之大振，尤其小孩子們會由愁眉苦臉，轉為興趣盎然。

有一次我出差在外，我家老二深夜忽然發高燒，哭叫不停，徐大嫂聽到了跑來探視，催促趕緊送醫。在熟睡中的老大和門戶，就由她代為看管。

一年多來，徐老伯對我家門戶隨時照顧最使我感動。有好多次，晚上我從高雄師範學院上完課回家，因為班班客滿，坐最後一班車回到家時已經十二點多了。看看徐家，燈火全熄，等我打開鐵門，發出響聲時，徐老伯房裡的燈火，忽然通明，並探出頭來察看，等看清楚是我開門時，他才放心的回房熄燈再睡。啊，我何德何能，能夠得到這樣好的鄰居！這豈不是冥冥中的「天賜芳鄰」嗎？

（國語日報「睦鄰」話題　64.6.29）

學童回家以後

最近有很多家有國小孩子的鄰居和親友向我訴苦，說自從實施九年國民教育以後，因為國小畢業可以直升國中，不再考試，所以國小學童就像洩了氣的皮球，整天的不知道在幹些甚麼。老師們也懶得多管他們，連家庭作業都不出了。孩子回到家，不是把家裡的東西弄得天翻地覆，就是到外面玩耍胡鬧。叫他們讀書寫字，他們就理直氣壯的說：「老師沒有叫我們讀書寫字！」這樣的情形實在有點兒不像話。

家長關心孩子的學業，這是可喜的現象，但是在還沒有完全了解現在國小學童的教育目標，以及教學趨勢的發展，貿然的責備學校的行政措施，和教師的指導方法的不是，也未免有點兒過分。家長要了解，過去在升學考試競爭下，學童整天埋首案頭，是不正常的作法，幾近殘忍、虐待。今天好不容易的解除了升學的束縛，就應該把天真、活潑、自我的本性，還給孩子。因此大多數的國小老師，也就本著這個原則去施教。要是還有國小老師暗地裡重操補習舊業，或仍然規定一大堆的回家作業，要孩子不停的抄抄寫寫，那才是不本教育良心，開倒車的表現。

通常國小的學童，大部分的有關作業，都在學校由教師當場指導作完，剩下的只有零零碎碎無須大傷腦筋去思考的作業。例如收集預習資料、觀察各種事物、採集標本、閱讀課外讀物、製作簡單工藝、完成學校未完成的圖畫，或者引吭高歌、念念書、復習課業、幫助家事、參與家庭生活等。賢明的家長如想輔導在家中孩子的學業，只要參與他的活動，從旁鼓勵或指點協助就行了。可是一般過於熱心的父母，卻認為孩子回到家，必須正襟危坐在書桌前面，讀讀寫寫算算，才算用功，才合乎要求。殊不知這是極端束縛兒童個性，埋沒天賦發展的不良輔導方法。

老師們都希望學童回到家裡後，做父母的關心他們的起居，得到充分的休閒生活，享受學校得不到的天倫之樂，或學習點簡單的社交禮儀，然後再稍稍的提醒孩子完成學校未完成的作業。所以做父母的應當知道孩子在學校的讀書情形，在家中要為孩子幫些甚麼忙。所謂「幫忙」只是重點提示，而不是代勞。是鼓勵性的協助，而不是責備性的督促。能夠的話，最好從入學開始，就養成讓兒童報告學校所學的習慣。這對孩子不僅是一種用功的刺激，而且也是父母接近孩子、了解孩子在校學習情況的方法。

有一部分父母認為孩子還小，不重視為孩子布置讀書的環境。這往往影響孩子日後長大時不曉得自己學習的重要。所以不論桌子、椅子，即使是肥皂箱子也好，都要為孩子準備齊全。同時在房子的一角，在走廊上，甚至庭院的絲瓜棚下，都要設法為孩子騰出一小間讀書室來。如此孩子才有自己獨處時的小天地，養成獨立性，和得到被重視的感覺。

孩子在家裡，無論是觀察實物，採集標本，畫圖、勞作，甚至於幫助父母做家事，父母千萬要讓孩子發揮盡力而為的幹勁兒，這可以養成孩子對讀書也會盡力而為的毅力。幹勁兒的養成和興趣有關係，而興趣的激發則是得自讚揚。孩子讀一會兒書後，就給予褒獎，孩子完成了一件作品，便可以這樣說：「啊！真好，想不到你這樣能幹。」或者：「真美，下次老師發下來的時候，我給你掛在牆上。」做算術習題的時候，應該讓孩子明白：「今天的習題做好，明天老師上課，才能聽得懂。」或者告訴孩子：「你這樣聽話、用功，爸（媽）真高興，過幾天放假的時候，帶你去看電影。」孩子聽了，一定會覺得只要自己肯用功，就會受到父母或老師的讚賞，隨著成人的鼓勵，孩子也會越加發憤用功了。

（國語日報「家庭」版 63. 7. 28）

從托兒所收費談起

本學期因為家事較忙，所以把小女送進一個教會辦的托兒所就讀。二月二十二日註冊繳費，總共三百元，從二十四日正式上課。剛上學五天，小女又帶回一張三月份的繳費通知單，單上寫明要繳三百五十元。我覺得很納悶，二月份沒上幾天，就收走了三百元，現在又要收了，到底是怎麼回事，所以就拿出註冊時的收據看看。

原來，註冊費一百三十元，保育費八十元，手工材料費二十元，雜費二十元，點心費二十元，中食費三十元。除了點心費、中食費各收全月份的四分之一外，其餘都是收全月份。點心費、中食費各收全月的四分之一，還算合理，而保育費、手工材料費、雜費等，硬性收全月份的，實在是說不過去。而且，托兒所按月都要收取學雜費，那麼開學時所謂的「註冊費」一百三十元，有沒有收繳的必要，這是值得研究的問題。從上項收費情形看來，讓人聯想到現在各地方的托兒所、幼稚園，為甚麼如雨後春筍，紛紛設立，這必然是有原因的。

托兒所、幼稚園是屬於學前教育，是國家教育重要的一環。歐美各國，教育文化較為發達的國家，已經有把幼稚教育納入義務教育的趨勢。還沒納入的國家，也紛紛的開始重視學前教育，其重要性不亞於義務教育以後的中等、大學教育。我國雖然還沒把幼稚教育納入義務教育的範圍，但是也開始重視起來。例如：六十二年八月教育廳訂頒了「國小附設幼稚園辦法」；最近，又撥出鉅款，協助各縣市開辦幼稚園，或農忙托兒所。但願這些方案能很快的、切實的而又普遍的推展開。好為萬千的婦女分勞分憂，為我們的下一代闢更多的、更好的幼兒生活樂園。

更盼望在公立托兒所、幼稚園還沒普遍設立以前，政府當局對於私立的托兒所、幼稚園多作些輔導、協助、監督、考核的工作。尤其是收費、設備，以及師資的規定，要建立一個較完善的制度和辦法，以免這些托兒所、幼稚園逐漸走入「學店」的歧途。

（國語日報「家庭」版 64. 4. 29）

女兒的成績單

上學期，就讀國中二年級的小女，把她班上第三次月考的成績單（全班成績列成一張），交給她爸爸蓋章。她爸爸看了以後，臉色沉沉的遞了過來。我心想，一定凶多吉少。

我拿來了一看：公民與道德九十一分，國文九十三分，數學七十三分，歷史八十四分，地理八十三分，化學九十四分，英語二十四分，物理五十二分。又是英語、物理不及格。

再看看其他同學的，英語全班五十二人，沒有一個及格，總平均才二〇・五八分。物理及格的只有六人，全班平均三十八・五四分。過去學校老師故意整學生，讓學生考試「全軍覆沒」的老毛病又犯了，心中覺得，這是多麼外行的出題方法，其中一定有原因。

「小俐，過來一下！」

「媽，甚麼事？」小女怯生生地走了過來。

「成績單妳看過了沒有？」

「看過了。」頭低低的，幾乎貼在胸前。

「妳哪幾科不及格？」

「英文、物理。」

「為甚麼不及格？」

「……」小女欲言又止，羞慚的直掉眼淚。

「女生十一班當中，除了第二十四班是楷模班以外，不是你們班上最好嗎？為甚麼英語統統不及格，物理、數學也有三分之二以上不及格？」

「我不知道。」

「怎麼不知道？是不是試題出得太難了。」

「我也不知道難不難？只是大部分的試題課本裡頭都找不到；我們老師也沒教過。」

「以前妳不是說過，從這學期開始，學校已經取消各國中聯合考試，改由你們學校的老師出題嗎？」

「是的。」

「那怎麼會出老師沒教過的題目呢？」

「聽我們老師說，這次出題不是輪到他。」

「那麼，為甚麼妳班上有些同學英語考了五十多分，物理有的還考了七十幾分？」

「他們都是放學後到別班老師家補習的。」

「這樣說來，妳的數學在班上所以能考最高分，是因為題目由你們老師出的，對不對！」

「對的，因為大部分的題目雖然在課本中找不到，但是在老師家補習的時候都講過，而且考前也複習過。所以才會考得這樣好。」

原來如此，過去我一直不信，說現在有些國中英、數、理老師為了在家裡能招收學生補習，在考試時故意耍花招，出些難題或課外題目，好把學生和家長的信心考倒，到時候財源便不難滾滾而來。現在由小女的口中道出，又不能不相信了。孩子何辜，為甚麼這樣折磨他們？這種作法成甚麼教育呢？老師的教育良心又到哪兒去了？負有監督責任的校長和教育官員為甚麼一直裝聾作啞，不出面管管呢？

「小俐，媽知道妳是用功的孩子，這次英語、物理考壞了，媽不怪妳。至於妳爸爸那邊，我會好好的對他說明。可是，期考又要到了，妳總不能不把這次考壞的英語、物理追上吧！」

「媽，您放心好了，我已經調查清楚，英語、物理老師在家開班補習的有哪些人，我準備收集他們補習時用的測驗紙，拿回來自己研究，免得期考時吃虧。」

「對，妳真乖，能夠這樣努力，成績一定不會錯的。」

想到她小小年紀就能在老師拉角的戰術中脫身出來，真不容易。同時，心中更覺得教育辦到這種地步，實在悲涼。因此我把小女擁在懷裡，眼淚奪眶而出。

（國語日報「家庭」版 64. 7. 29）

買書

對於買書，我一向沒有預約的習慣，況且我手邊的國語大辭典，就有好幾本，所以國語日報辭典在預約期間，妻雖然要我匯款預約一本，但是我始終沒有興趣。等到書出版以後，妻從她的學校借來了一本，要我給它下一個「評語」。

我接過書來一看，書皮倒是很別致，好像有一股吸引人的力量。看看內容，所選的辭語，都比我常用的辭彙新穎一些，這是一般辭典所不及的地方。再看看注釋和詞例，也大多能深入淺出，很少有艱澀難懂的地方。這真是中小學生在學習國語文時，一本很好的「無言老師」；也是中學教師，在教學時，很適合學生程度的一本參考資料。所以，我很想自己備有一本，也希望我班上的學生人手一冊。

後來，國語日報社為了使在預約期間，沒有預約到的中小學生，能夠在負擔較輕的原則下，備有這本辭典，所以特別再舉辦一次優待。當我看到這個消息時，特地向同事借了一本，作為樣本，利用上國文課時，鄭重地向學生推介，希望能湊足十本以上，好享受七折的優待。當時登記要買的，幾近二十位之多。心想：這一下子，將是我一年多來，買書打七折的第一遭。因此，我心中充滿了一片歡欣。

第二天，卻沒想到，繳錢給班長的，連我在內，只有五個人。我心中很覺奇怪，因此在上課告一段落後，就抽幾分鐘時間問問同學，為甚麼只有四個人繳錢？

「老師！我爸爸說，一百三十三元可以買十幾包香煙，抽上十幾天。所以他說太貴，不准我買。」

「我媽說，學校的課本都看不完了，哪有時間看那麼厚的書？」

「我爸說，家裡已經有一本字典了，沒有必要再買！」

「我姊姊說，讀書有課本就好了，還要甚麼辭典。」

……

最後剩下一向很喜歡看課外書籍的振國，一直在低著頭不敢看我，於是我問他說：

「振國！你呢？」

「老師！上個星期我覺得姊姊留給我的小字典不夠用，所以才向媽媽要錢買了一本國語辭典。昨天，我回去跟媽媽說。她說，等我看完了那本辭典以後，再給我買新的。」

天哪！這是哪一門的買書觀念？買書怎能和買香煙相比！香煙，十幾天抽完了，也就煙消霧散了，可是書卻一輩子受益無窮。

買書也不像買食物，是越新鮮越好。食物吃完了，再買新的，這是對的。可是要等舊書看完了，才買新書，這卻不能說是完全對；因為買的新書，不一定要馬上看完它。當然，打鐵趁熱，馬上看完，固然很好，但是先看完了想看的一部分，另一部分留待以後想看時再看，也未嘗不可。何況古人說：「溫故而知新。」這證明了買書不是為「一天之計」；尤其是工具書，不是用來看的、欣賞的，而是讀書遇到有不懂的字、詞時，用來隨手查閱解答疑難的。

欸！以前我一直想不通，學生為甚麼始終沒辦法做好預習工作，原來就是這個原因了。

（國語日報「國中語文指導」版 64.5.18）

提供學習環境

今年年初中國時報家庭生活版「父母眼中的兒女」專欄中，有一篇文章，談到現在對兒女教育的觀念問題，文中認為子女偶然畫出不難看的圖畫，或者學電視上的歐陽菲菲的歌唱聲音還算悅耳的時候，做父母的不必太過於高興，而以為自己的兒女是天才畫家，或是明日之星，迫不及待地延師指導。事實上，作子女的對繪畫或歌唱，也許是毫無天分和興趣，如果父母硬要憑著一廂情願的想法勉強子女，後果會很不好。例如喜好文藝，卻走進醫學院的作家王尚義，就是一面很好的鏡子。

這種觀念和看法，乍看起來，似乎滿有道理，但是仔細的體會一下，卻覺得未免太抹殺了教育的功能，也是對子女教育推卸責任，缺乏耐心的一種藉口。前些日子，我有位親戚，也持有同樣的看法，越發使我覺得事態的嚴重。

我是學教育的，目前也正在從事教育工作。在教書生涯中，我常常惋惜有許多孩子對某一種事物學習的天賦和興趣被啟迪得太遲，以至於年歲大了，或年級高了，不是增加訓練的困難，就是因為功課繁重，沒有加強指導的時間，而平白喪失了許多可造之材。例如，有些孩子音感不錯，嗓子也好，如果他的命好，遇到懂得聲樂的父母或老師，從小就給予指導，說不定將來他可以往這方面發展，而不必等到自己年歲大了，才發現自己某方面的興趣和天賦時，徒生「時不我與」的嗟嘆。

這種嗟嘆，我也有切身之痛。我小時候，正值台灣光復，台灣同胞生活困窘，尤其是鄉下農村。那時候大多數做父母的對子女的責任，可以說只有「養」，而談不上「育」。小孩子若想畫畫，不但沒有畫筆，連起碼的紙張也難要到。偶然心血來潮，拿來鉛筆或木炭棒隨心一畫，得到的結果準是挨揍。我六歲時，就曾被重重的打過。從此在讀書時，每拿起畫筆，內心深處就會隱隱作痛。

從我當老師起，對於學童的天賦，始終抱著「儘早發現孩童才能，盡心提供最好的學習環境，竭力從旁鼓勵誘導」。只要孩子對某一件事發生濃厚的興趣，我總設法從其願。例如有一次，講到時鐘問題時，大多數的學童對於鬧鐘為甚麼會響的原理很感興趣，所以我毫不猶疑的把家中多時不用的鬧鐘，拿出來給學童分解研究。雖然鬧鐘是報廢了，但是我心中覺得，如果往後在五十多個孩子中，其中出了一位鐘錶師傅，或有一位變成了機械工程師，我這一點損失又算得了甚麼。

自從做了父親以後，這種意念更為強烈。我總覺得自己小時候，有許多興趣和天賦被抹殺掉，現在想來難免會有少許的惆悵和不甘心。因此，我下定決心，這些「人生憾事」不再在我的兒女身上重現。只要是他們肯誠心想做的，想認真學的，我不但不干涉他們，而且我和內人一定設法讓孩子稱心如願。

例如我家老大，從會把玩小東西開始，一直對會發出音響的玩具鋼琴，頗感興趣。到了三歲，偶然發現她在敲打小鍵盤的時候，小手指的滑動很靈巧，可惜口中哼出了音準，卻被音不準的玩具鋼琴所影響。因此我和內人商量的結果，把玩具鋼琴收藏起來，多帶她到有鋼琴的同事或朋友家中「打游擊」，以便試探她真正的興趣。並且也帶她到學有專長的音樂老師家請教，看看值不值得讓她往這方面下工夫。經多次觀察鑑定結果，答案是肯定的。於是我和內人只得硬著頭皮，分頭去籌錢、標會、招會，加上平日的儲蓄，勉強湊足了六萬多元，買了一部新鋼琴。並按時送她到鋼琴老師家接受指導，在家就由內人督促練習。三個月過後，沒想到小小的一雙手，彈奏得滿像那麼一回事。她的幼稚園老師還請她上台，在耶誕節遊藝會上，表演「聖誕鈴聲」和「驚愕交響曲」兩首，獲得滿堂的喝采。

這種事例，實在太多，因限於篇幅，不能多舉。近二十年的教師生涯中，我深深的領悟到：對於孩子的學習慾望、行為，只要是屬於正常的兒童心理發展過程，在成人心目中，不管是否有價值，做父母、老師的，都要充分的給予學習的機會，儘可能提供最理想的學習環境，讓兒童的心理得到正常發展，進而促長孩童的學習興趣，誘導學習發展的傾向，以便日後選擇專長、職業的準備。

（國語日報「家庭」版 65. 8. 14）

學校乎？監獄乎？

暑假中，我二哥讀國中的兒子，到我家來玩，在閒談之中，無意間告訴我，他們學校很像一所監獄，學校的老師們，更像是監獄中的法警。我笑著安慰他：「老師嚴格是為學生好，你們做學生的，千萬不可有這種想法。」

「才不是那麼一回事呢！大家都這麼說。」

「你倒說說看，學校怎麼會像監獄？老師忽然間改行變成了警察？」

「我們學校學生三、四千人，可是校地並不怎麼寬敞。學校對我們課餘活動的地方，卻有很多的規定；什麼教室是讀書的地方，不能玩；走廊是走路的地方，不能玩；走廊外邊鋪柏油的地方是寧靜區，不能玩；校園是觀賞散步的地方，不能玩；操場鋪草的地方，不能玩，因為會把草踩死。全校除了蓋校舍、種花草、樹木、鋪柏油的地方，剩下來可讓學生活動的地方，僅僅只有幾塊水泥球場和不長草的運動場跑道。」

「運動場跑道和球場既然可以玩，你們就到那兒玩，不就行了？」

「可是運動場距離教室很遠，下課十分鐘不要說是玩，就是從樓上教室跑下來到運動場，再馬上跑回去，十分鐘便報銷了。」

「既然這樣，下課時間便不要玩算了。」

「我們老師也這麼說，所以他規定我們下課不准離開教室，要繼續看書寫作業。至於上廁所，只限定在上午第二節，和下午第一節下課才能去。」

「多一點時間看書寫字，不是更好嗎？」

「叔叔！您也是當老師的，難道不知道『人不是機器』，即使是機器，也要有上油停機的時間。我也曉得多看一點書，總是對於自己有益的。但是看久了，腦脹得要命，精神始終振作不起來。」

「除了在教室上學科以外，不是還有室外的體育、童子軍課和聯課活動等，可讓你們盡情的活動嗎？」

「才沒那麼好呢！體育課一學期下來，扣除了下雨天自修，和老師參加運動會公假外，上不了幾堂課；童子軍和其他的技能科，甚至於指導活動課，全改上了英、數、理、國文等科；聯課活動不是自修，便是舉行週考；課外運動現在各學校已公然的改為『升學輔導時間』。所以，每天清晨一踏進校門的那一刻，我便告訴自己：今天可要當一個聽話的乖孩子，不然，苦頭可多著呢。」

「還有什麼苦頭可吃?」

「考試不拿高分，打；上課偶爾不正襟危坐，罵；秩序整潔比賽沒拿第一，集體罰跑運動場……。」

「會有這種事嗎?」

「千真萬確。有些班級導師的做法更絕：教室的地板要打蠟，排桌椅要拉繩子對齊，教室不准穿鞋進去；早自修嚴格規定看的科目；每節上課，任課老師未到前，一律閉目端坐，想張開眼預習功課也不行。最可怕的，要算是訓導處的老師們，一個個都以兇巴巴的眼神盯著我們，好像警察要抓通緝犯似的。如果哪一個不幸犯錯被逮著了，不管是有心或是無意，『皮肉分家』總是難免，而且還要外加記上一過。三大過滿了，便貼上布告，勒令退學。叔叔，說起來，也許您會不相信，我們的管理組長在升旗台上打學生時，有些膽子小的女同學，雖然用手蒙著眼睛，但是聽到皮肉挨打的聲音，還是不停的發抖呢!」

「小祺，那你有沒有被打過?」

「沒有。」

「你現在還一直埋怨學校和老師的不是?」

「才不呢!反正看多了，受夠了，也就見怪不怪了。」

「對!這些事情想多了，對你也沒有什麼好處，倒不如全副精神貫注在學業上，多充實自己。沒事時，可常到我這兒，叔叔陪你打球。」

小祺走後，我在想：為什麼目前的國民中學教育，又要走回過去初級中學時代以升學為主的路子？教育的方法，為什麼仍然脫離不了日據時代的打罵教育？總統　蔣公當年毅然破除萬難，延長九年義務教育的苦心，不是又要白費了。尤其是動不動用打罵、記過、開除學生的訓導方法，更是要不得。教育圈中有一句「開辦一所學校，等於關閉一間監獄。」的話，實在值得令人深省。然而，像小祺就讀的這所國中，能否負起「關閉一所監獄」的使命，真讓人懷疑。

（台灣教育輔導月刊　67.10.1）

嚴禁未成年學生騎機車

每天早晨翻閱報紙，在地方版上，經常可以看到未成年的青年學生，因為騎車肇事，或車禍傷亡的事件，站在做父母和從事教育工作者的立場，每看到這些人間悲劇，心裡頭的沉痛，實在不是筆墨所能形容的。尤其是我服務的國中，前些時學校因為民防講習停課的時間，有三個學生共騎一部五十西西小本田，在廣東路重劃區的馬路上，撞上一部小貨車，造成一死二重傷的慘劇，更是讓人痛心不已。

我之所以如此痛心的原因，是因為學校的導師，尤其是負責學生交通安全的訓導處的老師們，一再的告誡同學們不要騎機車，因為國中生的年齡，最大的只不過是才十五歲，根本還沒有到考駕駛執照的年齡（要滿十八歲），所以只要他們騎上機車，任何人便知道他們是無照駕駛，是一件嚴重違反交通安全規則的案例。根據交通管理處罰條例第二十一條第一款，是要處罰新台幣三千元的。

罰款事小，人命毫無保障才是事大；試想：他們的心智還沒成熟，緊急應變的能力又不高，加上都是些未成年人，不但對家庭、學校、社會的責任觀念，意識非常薄弱，而且又正是血氣方剛，愛出鋒頭，做事毛毛躁躁，半大不小的尷尬年齡。他們如果一旦騎上機車，穿梭於大街小巷，可以想像得到，一定是風馳電掣，招搖過市，威風凜凜，目空一切，不管其他路人的死活。相信每一位錯身而過的行人，看在眼裡，心裡頭多多少少都會這麼想：

「不要命的小夥子，該死。」

「自己不要命，別人可要命，還是躲遠一點好。」

「他的父母難道是死人，孩子騎機車也不管。」

「警察幹甚麼去了，像這樣只要一看就知道是無照駕駛的重大交通違規，也不抓一抓。」

「老師們幹甚麼吃的，這些不怕死的學生怎麼不好好地管教管教！」

學生騎機車，學校的老師們真的沒管嗎？我相信每一所學校都不會同意這樣的指責。譬如說，我們學校的管理組長在升旗朝會時，不知道強調了多少次，只要任何一位老師發現學生騎機車，在馬路上橫衝直撞，第二天一定請這個學生上司令台亮相，讓全校師生看一看「不要命的人」長得怎麼樣？並且通知他的家長嚴加禁止，以免日後發生「白髮人送黑髮人」的那種悲痛場面時，再呼天喊地已來不及了。如果發現是再犯的學生，那麼絕不姑息，皮肉還得吃上不輕的苦頭。

無奈禁者自禁，騎著自騎，未成年學生騎機車肇禍的事件，仍然窮出不已，這到底是甚麼道理？使人百思不得其解。據我所知，大概有兩點原因最有可能：

⑴近年來取締交通違規的警力鬆懈：只要一上街，到處可看到闖紅燈、單車雙載、機車三載、超速、蛇行、學生無照駕駛汽機車等情事，但很少看到交通警察攔下來取締開罰單，才造成今日交通紊亂，違規猖獗的現象。

⑵家長的姑息縱容：一般做父母的，多少會認為自己的孩子聰明能幹，所以想盡辦法找機會使他表現，讓未成年的孩子騎機車，就是這種心理所促成。例如我好幾次在上下學的路上，看到學生騎機車，後座所載的人，竟然是他的父母親。請問，像這種情形，只靠學校單方面的力量，怎麼能禁得了未成年學生不騎機車呢？

所以我深深地覺得：防止未成年學生騎機車肇事的最好辦法是：

⑴先由家長嚴格控制機車鑰匙，絕不讓孩子有機（車）可乘，並經常告誡子女遵守交通規則。

⑵加派警力，加強巡邏，嚴格取締、罰款，或拘留幾天，並送校方處理，任何人關說，絕不通融。

⑶學校老師發現未成年學生騎機車，除依照獎懲辦法處分外，並主動向交通法庭舉

發，以無照駕駛處罰車主，絕不姑息、隱瞞。

只要家庭、警方、學校等三方配合，認真執行，加上社會人士的支持，相信未成年學生騎機車肇事的案件，必定會日漸減少，甚至於絕跡。

（國語日報「家庭」版 70.11.24）

人越老越像小孩

我母親今年雖然已經七十五歲了，但是耳聰目明，身體還很硬朗。無論下田耕種，家事操作，樣樣都還能幫上一點忙。像這樣不必兒媳扶持侍奉，還可幫忙家事的老媽媽，應該到處受歡迎才對。可是不知為甚麼，她在大媳婦家住不了兩天，就吵著要回鄉下故居。回到了鄉下，又不願意和二媳婦同桌共碗吃飯。也許是一般母親的天性比較疼小的，所以很自然的就跟我住在一起。

幾年生活下來，我這作人子，為人夫的，冷眼旁觀的結果，發現母親和妻之間，一年三百六十五天之中，雖然「天晴」的日子佔絕大多數，但不可諱言的，「陰雨」的時候，也不少。不過我內人對「驅雨撥霧」的工夫還算不錯，所以總是雨過天晴，相安無事。

幾次「陰雨」以後，我細細的加以觀察、推敲、印證，悟到了一個說起來不大恭敬的小結論：「人越老，個性越像小孩。」這怎麼講呢？我舉幾個事例來說明。

我家兩個孩子現在就讀國小，正是迷戀電視的年齡。為了不影響孩子的課業，不傷害孩子的視力，很想替孩子選擇些節目。可是老母親晚上閒著無事可做，從有節目開始，除了新聞報導以外，就守著電視機，一刻也不肯放過，對連續劇更是非看不可。但時下的連續劇，大都是粗製濫造，不甚健康，對於孩子的教育，害多益少。所以為了孩子看電視的問題，左右為難，傷透腦筋。有一天，台視的「絕代雙驕」結束了，我就趁此機會告誡孩子，七點半以後是讀書練琴時間，不准再失魂落魄地看電視。但是第二天八點一到，老母親又照樣開了電視，在書房的孩子，聽到電視響聲，又跑出來湊熱鬧。內人就責罵孩子，老母親看在眼裡，很不是滋味，以為內人指桑罵槐，不喜歡她看電視。因此大發脾氣，用力關掉電視，連夜吵著要回鄉下。

有一次，老母親從鄉下「度假」（找老朋友談天）回來，一進門看到內人沒像以前一樣地笑臉相迎，又以為內人嫌她回鄉下「樂不思蜀」（其實才三天而已），就一把眼淚一把鼻涕，自言自語地訴說自己命苦，說甚麼在鄉下被二媳婦欺負，到了這兒三媳婦又沒好臉色，人生無味，不如早一點跟老伴一起走算了。內人和我一看問題嚴重，就再三的賠不是，並說這是因為孩子惹內人生氣，剛在氣頭上，不巧娘回來了的緣故，並不是有意嫌她。經這麼一安撫，她慢慢的氣消了，沒多久又像往常一樣，有說有笑地從旅行袋中一大包一大盒地拿出「等路」（本省鄉下人出遠門，返家時帶回來用的或吃的東西）禮物，給小孩和內人。

有位心理學家曾說過：人過中年以後，吃零食的心理，越老越像小孩，我家孩子的老祖母，就是如此。記得有一次，內人中午參加同事的喜宴，帶回來一盒冰淇淋，孩子搶著吃，忘記房裡頭還有祖母沒吃。內人心想：娘咳嗽還沒全好，怕吃了冰有傷身子骨兒，所以不敢驚動她的午睡。誰知老母親沒睡，一直在房裡嘀咕，說甚麼媳婦心中沒她，容不下她，連她最愛吃的冰淇淋都捨不得給她嘗一點，真是個「毒」媳婦（鄉下人指人心地不好）。內人知道自己又想錯了，做錯了，趕緊又騎上車子，去街上再買一份回來，外加許多的好話，才平息了這一場風波。

由以上事例，可以略知做婆婆的步入老年時的心理轉變，做媳婦的要懂得如何適應，如此才可以增進婆媳之間的相處得到感情和諧。雖然這不能代表普天下做婆婆的心理，但是「一葉知秋」，老年人的「孩子脾氣」，隨時隨地都可能破壞了婆媳感情。做媳婦的如果能了解這一點，對於婆媳相處就大有益處了。

（國語日報「家庭」版 67. 2. 18）

我的貸建經驗

前年年底國際物價暴漲的時候，妻擔心這些年來省吃儉用存下來的一點積蓄，在一夜之間被貶得一文不值。所以跟我商量，想在兩年前早已買妥的地皮上，蓋一棟屬於自己的房子。

妻清點一下銀行、郵局的存款，加上快到期的會款，算算總數，才只不過是樓房工程預算的三分之二，還有三分之一沒有著落。但是若要等到存足時才動工，那時的物價又不知道要漲到甚麼程度。在「蓋也不好，不蓋也不行」的情況下，真是傷透了腦筋。

正在左右為難時，好消息傳來，台灣省公立中小學教職員福利基金會協助中小學校教職員自建或承購貸款開始申請。貸款金額雖然只有八萬元，還無法補足差額，但是在「有勝於無」的情形下，我就馬不停蹄的跑教育局、市公所、稅捐處和銀行、郵局等地方，領取申請表、戶籍謄本、無房屋證明、建屋配合存款證明等。並到地政事務所申請地籍圖、土地登記總簿。最後還請建築師繪製建屋設計圖，和核算工料預算書。

日子就在充滿希望和無數次的鞠躬拜託下，匆匆地過去。在申請截止的前一天，一切手續、表格和證明文件，終於拿到了手。屈指一算，跑腿、磕頭的日子，不知不覺中已過去一個多月，手續費也快破五千元大關。

第二天我興沖沖的把文件送到教育局第四課承辦人手中時，辦公桌上的申請案件，已堆積如山。

「×先生，這次申請的有多少人？」

「大概四百多件。」

「福利會準備貸建幾戶？」

「全縣共十八戶，但是其中六戶已由××國中集體興建優先貸走了。」想到只有十二戶，四百多人爭取時，我的心就冷了一截。

××國小校長忽然走近承辦人，打斷了我們的談話。

「×先生，我學校有位老師託我把申請書交給你。」承辦人翻了一翻，只有申請書和戶籍謄本各兩份。

「×校長，請你通知這位老師，到稅捐處補一份無房屋證明。」

「不是今天截止嗎？」

「沒關係，明後天再補交好了。」

×校長走後，我覺得這位老師的申請文件，實在相差太多，所以我詫異的問道：

「他的文件，按規定不是少了很多嗎？」

「是的，特別通融他們！」

「這樣不大好吧？我們按規定辦理的，不但足足忙了一個多月，而且也花了四五千元的手續費。他們卻輕輕鬆鬆的只要兩張申請書，花八塊錢的戶口謄本費，就可以享受同樣的權利，這未免不太公平吧？」

「下一次我再建議上級，簡化申請辦法好了。」

這種答非所問，做事毫無原則的態度真令人生氣。但是，想起今後的貸款他操有生殺大權時，理智告訴我，牛脾氣千萬不要發作。所以，我仍然溫和的請教他：

「甚麼時候抽籤？」

「到時會通知，不過這一次可能不抽籤了。」

「為什麼？」

「昨天貸建審查委員開會，決議今年按照服務年資，不再抽籤。」

「往年都是抽籤，審查委員怎麼有權變更？」

「那我就不知道了，你去問他們好了。」

「審查委員有哪些人？」

「局長以下，有四位。」

我跑向局長室，一個很氣派的大房間空無一人。臨時想到，可以請過去的老校長，現在的縣太爺主持公道。可是到了縣長室門口，卻又被祕書擋駕說：「縣長不在。」不得已我又跑到事務股，找昔日的老訓導主任——現任事務股長，請他問個明白。結果幾次通電話後，也不得要領。臨走時，他送我到門口，拍拍我的肩膀說：「明年再來！」

在歸途中，我盤算一下自己的服務年資，只不過十來年，怎能和人家比？何況承辦人對於申請案件的審查，又是這般「寬大為懷」，相信服務高達三、四十年的老教員，一定會聞風而起，趨之若鶩。不要說是十二戶，就是增加到一百戶，也輪不到我。如果今後都按照年資，那我這個教育界的老小弟，想要在「教師貸建」中分一杯羹，簡直是「寡婦生孩子」，一點指望也沒有。我越想心裡越氣，把車子調頭騎回教育局，拿回申請證件。

※　※　※

教師貸建受挫以後，有一段時間對於「建屋」，我心灰意冷，在報紙上看到「建貸」的消息，我就覺得噁心。後來，慢慢的我想通了：覺得建立一個美滿的家庭，不但要靠自己，連蓋房子也要靠自己的力量才行。甚至「建屋貸款」、「親人資助」，都是可遇而不可求的事。所以我決心一方面自己籌湊款項，另一方面拿著設計圖，跑縣府申請建照，憑建照申請限價鋼筋和水泥，並先把大宗的建材，像鋁門、鋁窗、玻璃、捲門、紅磚等一一訂購完畢，以免因物價的波動而影響建屋工程。

正當一切準備就緒，就要開工興建時，縣的國民住宅貸款，正式公告接受申請，名額不少，共計一百七十四名。雖然貸款金額最高才六萬四千元，但是一想，反正該準備的書類文件，大部分已經齊備，而且利息才五釐，十五年分期攤還本息，何不送去碰碰運氣？能貸，經費更充裕一點，室內裝潢、設備也可講究一些。不能貸，也沒有甚麼損失。主意既定，我就按照規定，一大早到郵局排隊掛號郵寄。

不久，審查合格准予貸款的通知來了，接著到土地銀行辦理簽約手續。沒有想到，貸這些錢有那麼多的麻煩事；如印鑑證明、變更地目、請地政人員丈量房屋、申請地上物所有權、公告房屋所有權、房屋保存登記、投保火險等等，這些繁雜的手續，到底有多少，我也弄不清楚。地政事務所我跑了好幾趟，黑壓壓的一群人，一片片的櫃枱標示牌，看上去業務性質差不多，但是向前一問，大家推來推去，不得要領。尤其是那些不耐煩的嘴臉，實在讓人看了真不好受。所以索性請從事土地代書業務的學生家長出面代辦。

兩個多月後，一切手續終於辦妥，錢也貸出來了。名義上是貸六萬四千元，實際上拿到的還不到六萬元。一查詢，原來四千多元是繳土地規費和手續費花的。據那位學生家長說，手續費還特別優待，打了折扣呢！

從這兩次的建屋貸款申請，使我深深的體會到：貸款建屋真是一件不容易的事，如果錢可以勉強湊合夠用的話，奉勸各位千萬不要有貸款建屋的念頭，以免得不到甚麼好處，反而惹一身的麻煩事。

（國語日報「談國宅」話題 64.5.16）

寄望於「山葉兒童音樂班」

去年功學社屏東分公司的成立，帶給了屏東地區愛好音樂家庭一個很大的喜訊。因為分公司的成立，使喜歡和功學社打交道的家庭，建立了一個較完善的服務與銷售制度。分公司成立不久，接著又開辦了「山葉兒童音樂班」，這消息更帶給了關心子女音樂教育的家庭，一個不小的激盪。

「山葉兒童音樂班」的盛名，我家小孩幾年前在台北作客時，便早聞其名。如今能在屏東開班，這在我家來說，的確是天大地大的喜訊。所以搶先登記、報名、繳費，更盼望開課的日子，早日來臨。

屏東「山葉兒童音樂班」的教室，設在分公司裡頭，教室約有十來坪大，裝有冷氣，樂器設備因為初創，還算齊全，尤其難能可貴的，十一位參加學習的小朋友，每人分配一台電子琴，坐在電子琴椅子上上課，那種高興之情，可以從每一位小朋友臉上找到。

一學期來，有幾次內人因事不能陪小女上課，只得由我來接替。幾次陪課後，對於功學社舉辦兒童音樂班的熱誠，及認真態度，留下很深的印象。但是也有些美中不足的地方，願借「功學月刊」一角，略述幾點管見。相信功學社主其事者，定會本著創班初衷，笑納改進才對。

(1)為適應個別差異，應採分齡設班：兒童從四歲開始，到七歲之間，是聽覺極速成長的時期，這個時期是培養「節奏感」及「音感」的最好階段，這是不爭的事實。但是，如果硬是把四歲和七歲的兒童，集合在一個教室，接受同樣的音樂教材，未必合適。因為一個四歲兒童的資賦成長、學習能力，和社會經驗，是無法和六、七歲的兒童來比，況且身體的發育，也相差了一大截。所幸，「山葉兒童音樂班」是採取小班制，如果採用「分齡設班」方式，相信不難招足學生。

(2)為了因材施教，應設特殊才能班：根據兒童心理學來說：同年齡的兒童，個體的發展雖循同一模式進行，但心理發展速度，卻有很大的個別差異。何況，有許多家庭的孩子，在未入音樂班前，早已接受過音樂教育或薰陶，在音樂方面的資賦，其差距勢必很大。像這些入班前已具音樂才能的兒童，就應該另外設班，集中施教，如此才能達到較好的學習效果。例如：小女三歲從師學琴，四歲便曾上台參加鋼琴演奏會，兒童音樂班開辦時已六歲。上課時，和其他四、五歲（有的尚未滿四足歲）從未接受音樂薰陶的小孩同堂共室習看譜、鍵盤的基本教育，其學習能力的差別，實在懸殊太大。難怪小女每次上課，臉上的笑容總是比其他小朋友少，常常皺著眉頭吵著不想再上音樂班。

(3)儘量給兒童有自由發揮表現的機會：拜讀「功學月刊」二十三、四兩期的「山葉音樂的教育制度」後，對於「精彩的即興演奏」的介紹，留有很好的印象，尤其川上源一社長的高論、看法更為佩服。他說：「一提到學習鋼琴，大家就認為指的是學習拜爾，研究指法。當中的優等生上音樂大學去，但是縱使音樂大學畢了業，叫他們『一起唱吧！』『來，請彈伴奏。』卻沒有一個會。……」因此，他得到一個結論：「傳統的音樂教育僅是使孩子討厭音樂而已。」所以他提倡「有樂器的話，就能享受音樂之樂。」作為「山葉音樂教室」教學法上的根本原則。筆者所以要把已有三年多琴齡的孩子，往「山葉兒童音樂班」送，也就是厭惡「傳統的音樂教育」，想讓孩子在「有樂器就能享受樂器之樂」的大原則下，去尋覓音樂天地中的樂趣，再也不想看到孩子一坐上鋼琴時的「愁眉」和「苦臉」。可惜，筆者卻失望了，孩子非但在鋼琴椅上樂不起來，而且還添加一份上「兒童音樂班」的苦。所以，今後「山葉兒童音樂班」如何使兒童享受樂器之樂，得到即興演奏（唱）的情趣，是一個很重要的課題。

（功學月刊　67.3.1）

談六堆圈裡二件事

最近，六堆客家人的圈子裡，有二件事對我來說，讓我感觸良多，想提出談一談，並就教於鄉親前輩們。

一、親不親選客家人

古人有句俗話：「親不親故鄉人。」每到選舉時，我便把它改為「賢不賢選客家人」的投票指標。也許這樣違背了民主政治的「選賢與能」的法則，但是反過來想一想，弱勢族群的客家人，如果沒有一個人出來替我們講話，替我們服務，沒錢沒勢的善良地方鄉親一旦有事，找不到一個人可以出面指點他、幫他忙，你看那有多悲哀。

像這次立法委員選舉，客家人連一席都選不上，而且得的票數還這麼難看，實在很令關心客家事務的鄉親感到難過。希望六堆的賢老、有識之士，以後能摒除私見、恩怨，一切為六堆客家的子子孫孫的幸福，多溝通、多協調，無私無我地共同擁護真正肯做事、肯犧牲奉獻的適當人選，出來參選，大家在投票時，也能抱著「親不親選客家人」的心情，踴躍投票，這樣客家人才不會被人看「衰」。

二、推展客家文化，別讓熱誠睡著了

前些日子因為報導六堆傳奇大老鍾樂上先生，連帶的也讓自己內心深處感觸良多。每當午夜夢迴，常捫心自問為六堆做了些什麼？做得夠不夠？想想除了寫寫東西和「六堆」的讀友切磋外，其他眾多的非「六堆」讀友鄉親們卻沒有什麼貢獻。

剛好這個時候，我服務的學校中正國中，為了慶祝創校三十三週年暨迎接今年區運在屏東舉行，特別舉辦校運會化裝繞場活動。我靈機一動，何不利用這個大好機會，讓我班上學生，穿著客家服，唱著山歌，踏著客家舞步，通過司令台，給全校近四千名的師生，和各機關首長、各校校長及學生家長們，來個客家文化的洗禮與薰陶！

主意既定，就開始著手進行。首先調查班上有多少客家子女，約有十五、六個。便請他們回去翻箱倒櫃，找出祖父母輩穿過的客家服裝各一套，結果拿來的幾乎沒有一點兒客家味。

不得已只好求助於藍衫樂舞團員，在萬巒國中服務的林松生老師，林兄告訴我：去年元宵節在體育場表演的客家舞服裝，是個人出資保管，不容易借到，建議向萬巒農會推廣部李小姐商借。李小姐說她不經辦了，承辦人出差一週。一週後，再去電聯絡，又碰巧承辦人公出，說回頭再給我電話，結果音訊全無。

數週後，在一個喜宴上和永發哥同桌，我把借藍衫的事告訴他。他說明正國中舞蹈班曾製作過，可透過關係商借。我先拜託明正鍾國林主任就近幫忙，但他告訴我，請中正的王校長出面，比較萬無一失。幾天後，王校長告訴我：衣服在學生家裡，一時收不齊那麼多件，最後也建議我向萬巒農會借。天呀！想要為客家文化盡點心力，也有這麼難？

眼看運動會的日期已經逼近，只得動用B計畫——原住民服裝秀。班上有六、七位原住民，每人穿一套到校，並請其中二位較乖巧的女同學四處商借，湊成十幾套，來個平地嫁山地青年的「迎親」隊伍，績效雖不甚滿意，不過卻有得獎。

我之所以不厭其煩的報導借藍衫的事，主要的目的是想突顯客家文化向下札根的盲點，以及推廣客家文化工作的酸楚，並呼籲六堆鄉親能多為客家事務盡點心力，千萬別讓您的熱誠睡著了。

（「六堆」雜誌 85. 2. 1）

被太太嘮叨的男人

依照中國固有的傳統習慣，每到農曆新年的前幾天。家家戶戶不管男女老少，都會全體總動員，把家中裡裡外外，打掃得乾乾淨淨，好求得吉利，過個好年。

一年到頭都呆在學校窮忙的我，除夕那天，自己覺得實在再也不好意思留在學校，置家庭於不顧，於是匆匆忙忙的趕回家。

臨進門，便看到太太那嬌弱的身軀，爬上爬下的在取下紗窗，準備拿到庭院中的古井邊刷洗。我趕忙放好車子，接過紗窗，有意代勞。一看，幾年未修的紗窗，已經破了好幾個洞，難怪近來家中蚊蠅漸多。於是，我不免又發起牢騷，說了妻子幾句。

「沙網破成這樣，怎麼不找個木匠修修？」

「唷！你說得倒輕鬆。你不想想！木匠會為了你家的幾塊紗窗，老遠的跑來？即使真的願意來，你有多少閒錢給他工資？……」

本來我想說說妻子幾句，希望她多盡點「家庭主婦」的責任，反而又被她找到了機會，開始她長篇喋喋不休的嘮叨了。

說什麼我一天到晚在學校窮泡，不顧家庭。回到家只會伸手接茶，張口吃飯，一點兒家事也幫不上忙。

一個大男人，什麼粗活也不會；籬笆倒了，藤椅壞了，要找木匠。電熨斗、收音機、電視機有毛病了，等也要等到工人來修，自己從不動手摸摸。瓦片掉下來了，地板凹了一個洞，又非請泥水匠不可。連自己騎的機車故障了，寧可牽上個把鐘頭，也要拉到車店去修。孩子的玩具，從來沒有自己動手做成一個。

什麼電鈴不會裝、板凳不會釘、鳥籠不會綁、書架不會做、家具不會製……凡是家裡用的樣樣東西，哪一個不是用錢買來的？……每一次，妻嘮叨得夠了，都會來個長長的一聲嘆息說：「唉！我嫁了一個什麼也不會的『孩子王』。」

在古井旁，我一邊洗刷一邊想：妻的話，不無道理。一個男人，既不會賺大錢，又樣樣請人代勞，從不會利用自己的雙手，來減少家中的開支，實在慚愧。除了怪自己無能外，打從心裡頭，就一直怨怪父母：為什麼從小什麼事都不讓我做，一天到晚只會叫我「讀書」、「讀書」。更要怪小學、中學的老師，從來不給我們上勞作、工藝課，每次不是自修，便是到操場去拔草。到了大學，連工藝課的影子也看不見了。害得我現在被太太嘮叨不停。唉！我發誓來生不管父母、老師怎樣，我一定要好好的利用雙手，學會各種好手藝，免得再被太太嘮叨不停。

（「正中少年」 第8期）

回顧與前瞻

二十歲，在中國人來說，是弱冠之年，也是一個人由小孩變成大人的年齡；它代表強壯、成熟、獨立開創前途的里程碑。如今，中正國中已經滿廿歲了，這真是和中正國中有關係的「中正人」的大日子，更是值得紀念、高興的大事。

回想二十年來，「中正」在「中正人」辛勤耕耘、同心播種、協力灌溉下，才有今天差強人意的規模，得到萬千家長及社會人士的肯定。身為中正國中一份子的我，心中頗有「與有榮焉」的欣慰之感。在欣慰之餘，展望未來，又覺得過去的一點成就，實在不足掛齒，學校尚有更多需要改進與充實的地方，等待著「中正人」盡心盡力，為著有更美好的明天，更壯大的「中正」，「中正人」實在仍須奮鬥不懈。因此，在接受呂校長囑咐寫篇紀念專文時，我便決定以「回顧與前瞻」為題，了卻與全校師生作「回味」與「共勉」的心願。

我是五十七年八月應聘來到「中正」，和前縣長柯文福先生同時當「中正人」。當年政府正好開始推行九年國民義務教育，所以當時的一年級是國中生，共有二十班，二、三年級都是初級中學時代留下來的「初中生」，各有九班。等到「初中生」相繼畢業後，中正國中每年入學的新生都超過二十班以上，而且年年增班，所以全校班級數高達七十多班，學生人數每年都維持近四千人，遂成為屏東縣最大的一所國中。

如果學校像一艘大海中航行的船，那麼校長無疑的便成了主宰航行的舵手。中正國中二十年來，經歷了五位舵手，由於他們日以繼夜，不眠不休的正確把舵，中正國中才有今日的「名聲大噪」。

首任校長洪水法先生選擇校地的正確，以及辛勞的籌辦設校工作，奠定了穩固的學校基礎，唯有一點遺憾的，是校地沒填高，才造成今日「一雨成澤國」的「中正奇景」。爾後的學校排水工程，仍須有賴舵手們的繼續努力。

五十五年九月，楊嵩山先生接任第二任校長後，潛心整頓校務，健全學校制度，大量收購校地，現在的運動場也就是當時收購的。

五十七年八月，剛三十出頭，頗富朝氣、年輕有為的柯文福先生，從潮州國中和楊校長對調服務，接掌本校校務。因為適值國民中學的改制，學生人數大增，加上學區入學制的關係，學生家長不斷的期許下，柯校長全力提高讀書風氣，積極爭取校外各項競賽榮譽，銳意培養學生與他校不同的「淑女」與「紳士」的氣質，並大量慎選禮聘優秀教師，時時鼓舞教師士氣，處處督促學生努力再努力，結果五十九年的高中聯考一炮而紅，不僅升學率高，而且應屆畢業生張振平，不負眾望地榮登屏中榜首。值得一提的，張振平這一屆是初級中學時代的最後第二屆，當年初中入學考試時，「中正」是第三流學校。換句話說，一般考生填志願時，都先選屏東中學初中部，再選「明正中學」，成績未達標準時，才進入「中正」。所以能以第三流的學生調教成一流學生，而且還考取了狀元，在當時正是轟動一時的大新聞，從此以後，「中正」的聲望，緊緊地扣住了屏東各地方有孩子待入國中之家長的心，學生從四面八方，聞風而至，因而「中正」每年不斷的增班，不停的蓋教室。不到幾年，便由初中時代的二十七班，搖身一變，成了六、七十班的「明星學校」。

柯文福先生在任四年半，因為表現突出，受到黨國重視，被提名競選屏東縣長，順利當選後接任校長是黃進華先生。

黃校長是一位全心「以校為家」，把個人的全部時間和精力，奉獻給學校的「傻幹校長」，他的精神真是可以用「鞠躬盡瘁，死而後已。」來形容。他在任八年半，除了公出或養病期間外，每天早出晚歸，中午也在學校用餐。每天中午，一定要等學生安靜午睡後，才回到辦公室吃「冷便當」。就是因為這種「事無巨細，皆需躬親」的精神，才把中正國中人人誇讚的環境、庭院建設起來。也正因為如此，才積勞成疾，一病不起。其精神，相信將隨「進華堂」的落成，讓「中正人」永遠懷念。

七十年八月，現任呂校長由鶴聲國中調掌本校，全校師生在他的領導下，顯得更和諧、更精進。呂校長是一位多方趣味的人，有滿腔的理想和抱負，但願協助他推展校務的幹部及老師們，能時時體認校長求好心切的苦心，隨時不忘進修研究，多方配合校務的發展，充實教學內涵，變化學生氣質，使個個成為德、智、體、群、美五育兼備的好學生，能如此，明日的「中正國中」將更美好；爾後的「中正人」將更為榮耀。

（「正中少年」第9期 71.11）

第五輯

開卷有益

我讀小學國語新編課本有感

新學期尚未開學，學校教務部送來兩本教師用的新書；一本是國語，另一本是算術。本學期五下的算術課本，國立編譯館全部重新改編；五下的國語課本，是以去年的國語課本為根底，全書二十四課當中，有三課題目、課文全換；有兩課只換課文，不換題目；其餘十九課，雖然有幾課作局部的課文修飾外，大概都和去年的課文無異。

待我仔細看完了這五課增訂的新課時，我發現這完全是為了配合推行中華文化復興運動，和加強生活教育而編入的。如發揚忠孝節義的有「詩二首」（〈出師〉——鄭成功；〈答母〉——李炳輝。）和〈勇敢的忠臣〉等兩課。加強生活禮儀教育的有〈整潔樸素〉和〈孟母〉等兩課。認識中國文化的有〈我國書籍的發展〉一篇。

中華文化的深厚悠久，舉世共知，此時此地竭力推行中華文化復興運動，有其重大的時代意義和價值，個人深具同感，並衷心響應。

然而教育的內容，必須依據國家的政策，社會的需要，和時代的潮流。因此，為了推行中華文化復興運動，國民教育實應配合，切實展開。但是，在推行展開之前，必須要慎重考慮學童的程度和吸收能力，並且還要顧全國民教育的全面性，和教材的完整性，斷不可草率推行，虛應故事，不僅收不到預期的效果，反而影響了正常的教育。例如：這新增訂的五篇課文，我便有「牽強」「重複」「不當」的感覺。

當時，我看到鄭成功作的那首〈出師〉（原題為〈出師討滿夷自瓜州至金陵〉。原文：縞素臨江誓滅胡，雄師十萬氣吞吳；試看天塹投鞭渡，不信中原不姓朱。）後，我真有點慌了。坦白說，雖經我再三吟誦，還是無法全部深切弄懂其意，詩境更不用談了。試想，自己不懂，怎能去教人？可是找遍了學校的圖書室，也找不到這首詩的註解。更糟的，國立編譯館編著的《各科教學指引》，又好幾年沒下文了。不得已，我只得跑書局，自掏腰包買一本教育廳三令五申禁止使用的「家庭自修」。看完自修註解後，雖然幫我了解了些字意、詞意及典故，但是全篇的詩情意境，仍舊貫穿不起來。於是，我又去請教讀師範時的老師，結果我還是一知半解。現在，〈出師〉是教完了；可是，我內心的愧疚，至今還無法釋然。所以，我常常懷疑：是自己笨拙呢？還是主張增編此首詩的國學專家，有意要現代的小學教師，仿效六十多年前的私塾老先生，只管教學生背誦不求甚解的教學方法？

其實，〈整潔樸素〉和〈孟母〉兩課，改作為「公民與道德」學科的教材，要比編在國語科為佳；〈我國書籍的發展〉一課，卻又是上乘的社會教材。忠勇孝順的故事，過去的國語教材中，所佔的比率也夠重了。因此，我覺得這五課新編入的教材，在復興中華文化的教育效果上，編入其他學科也許要比編入國語科為大。不然，教育當局倒不如請幾位專家，利用教育廳主編的《中華兒童叢書》，有計畫的編著註解，或改寫成適合兒童閱讀的，有關於「中華文化」和「生活教育」之專輯，作廣泛的介紹，也好讓國校教師在推行中華文化復興，和加強生活教育上，教材有所憑據。

另外，我還覺得現行國民學校的國語教本，在編輯原則、教材內容上，從來未曾使人感到滿意過。我認為就以現行的國語教本，一個受完國家規定的國民義務教育後，在國語科的教育目標上，只能訓練出只懂得中國常用文字應用的平庸國民，而距離造就成完美的氣質，似乎還差一截。這是因為現行國校國語教材裡頭，幾乎很難找出幾篇真正美得動人心弦的文學佳作，或真正能啟發兒童純真氣質的課文。絕大多數都是一些平庸枯澀的文句，去遷就既定的文格，和因過大而嫌空洞的理想。雖無「揠苗助長」的意思，但事實上是在將一個個的小國民，訓練成「小大人」。像如此的教材，所教育出來的小國民，怎能敢希冀他們有完美的做人情操。我這點淺見，如果教育界先進，稍有同感的話，那麼我希望趁著實施九年義務教育前的修訂課程標準，和重編教材時，能留意改進是幸。

（中華日報「文教與出版」57.2.20）

國小課本的分量和難度

最近，母校寄給我一份第五十九期「屏師校友通訊」。在「校友來鴻」專欄中，我發現有一位旅居美國密西根州的張月嬌校友，寫給張校長的信中，有一段話實在值得披露出來，讓我們從事國民教育的同仁注意和檢討。

「……離開台灣一年有餘了，最初幾個月一切生活過得很不習慣，兩個孩子在功課上最感吃力，一切都得從頭來。來到美國之前，他們只會二十六個字母，當時使我們做父母的非常擔心，但小孩學習能力比大人強，努力追了一段時間以後，不但已經跟上，而且成績在中上。當初在課堂上甚麼都聽不懂時，惟有算術一科，對他們是簡單的，尤其兒子樂耕的算術在班上遙遙領先。他說：『比我們台灣的簡單多啦！』由此看來，我國小學教育程度比美國高，這一點最值得服務於國民教育人士安慰。……」

台灣的小學教育程度，不低於美國，的確是值得從事國民教育者安慰；雖然過去常有所聞，但是此次才是最真實的驗證。不過，教育程度的提高，是應該具備多方面條件的；

如果條件不足，卻硬要提高程度，那便成為「揠苗助長」的教育了。反觀我們台灣目前的經濟生長力，社會的教育風氣，人民的生活水準，以及各國民學校的各項設備，說實在的，我們的國民教育程度，還不能和美國比，更不應該奢望超過他們才對。

然而，事實上卻有許多小學課程和教材的難度及分量超過他們，尤其是算術這一門，超過得實在怕人。前幾年筆者參觀台南美國學校五年級的算術課時，發現他們的教材難度，就相當於筆者一週前參觀台南市某國校四年級的算術一樣。就因為小學的算術程度遠超過他們，所以連帶的也使初中、高中，和大學的數理程度超過他們，這是連鎖性的影響。

或許，一般人會認為這是自由中國在教育史上可誇耀的地方；其實，在我個人從事國民教育近十年的經驗來看，這並不是可喜的現象，也沒有甚麼地方可值得誇耀，反而我們應該切實反省，通盤檢討。因為我國目前的國民教育中，能超越美國的不是普遍性的，而是少部分的知識學科。這些學科是在不正常的教學方法下，所造成較突出的畸型的發展。要知道，教育的真正價值，不僅僅只是在學識上的灌輸而已，其他還有更重要的任務。

筆者服務於省立小學，學校教師每班編制數達一．五人。中、高年級級任，除了「公民與道德」課外，僅僅擔任國語、算術兩科，其餘各科都由其他科任老師擔任。因為每一科都有專任教師任教，加上學校對於按日課表上課執行得很嚴格，所以我們學校的上課情形，十多年來可以說是非常正常，絕對遵照教育部頒布的課程標準所規定的課程內容、教材、時數和作業方式來施教。但是多年來擔任知識學科的同仁，在遵照課程標準教學時，對於國立編譯館所編訂的各科教材分量和難度，常認為有過多和過難的感覺。因為分量過多，所以大家不等正式上課，急著從註冊那天起，開始趕進度，唯恐上不完；因為教材程度過高，難度過難，所以大多數同仁都放棄副學習和附帶學習的教學，只重視主學習的單元目標，來應付月考和期考。大多數的同仁常常懷疑：是不是負責編輯教科書的先生們，慢慢的在遷就一般只注重學科知識灌輸，而忽視其他技能科教學的教育主張？或是唯恐從事惡補的學校教師，沒有足夠的教材可用或達不到惡補的難度？不然，以目前各年級的課本內容，在正常的教學下，的確是過多和過難。就以五年下學期算術科的分量和難度來證明：

算術科全學期必須教完二十四個單元練習，外加七個復習和一個總復習。全學期除去紀念例假，和學校舉辦大活動（如運動會、期月考、各種比賽等）停課外，最多只能上課十六週。按照課程標準規定，高年級算術每週上課時數為二百四十分鐘，除掉六十分鐘為教學珠算外，剩下一百八十分鐘可編為四大節（每節四十五分鐘），全學期以十六週計，筆算可上課六十四節。因此，平均每兩節必須教學完一個單元和練習（或復習）。全本二十四個單元中，例題有八十一題，試算題有一七四題；三十二個練習中，共有五八三個練習問題。換句話說，在九十分鐘裡，必須完成平均三．四強的例題，七．三弱的試算題，以及十八．二強的練習題之全部教學。教材的難度先暫時不談，單就這種教材分量來說，如果不佔用其他科目的時間，相信很難有人能按時授完，即使能教完，其教學效果也可想而知。由此可知，國立編譯館所編訂的課本，不是明明在鼓勵教師不要正常教學，或暗示教師從事惡補嗎？

至於教材難度問題，除了前面曾談及我國的算術程度（難度）實際上比美國標準快一學年外。筆者平日教學時，也曾經常作「算術標準診斷測驗」，以明瞭學童的了解程度。在全本八三八個算術問題中，經過正常的教學後，能真正了解五百題以上者，佔全五年級總人數的五分之三弱。能了解七百五十題以上者，僅佔十分之一強。如果說本校學生素質不好吧，卻不盡然；因為在新生入學時，都經過智力測驗後三取一進來的，無論如何，學童程度相信比一般國校較為整齊，由此證明這是由於教材難度的不適當。曾經指導過國校算術的成人，相信會有實在太難的感覺，尤其五、六年級的課本練習題，要比例題難上好幾倍，如果不把練習題當例題來教學，全部能算的全班找不出五位。因限於篇幅，不便將所有的難題列出。不過，筆者可舉出一個事實，來證明這些難題實在太為難教師和學童了。

每年下學期開學不久，師範學校應屆畢業生必到本校實習。上學期就曾發現好幾位在我班上實習算術的師範生，當講完了例題和試算題後，指導學童演算練習題時，發現好幾題連自己都不懂題意不明算法的怪事，難怪他們把實習算術看作是一件難事。

其他如地理、歷史，全本各為十八課。全學期以上課十六週次計，每週教學時數六十分鐘分二節完成一課外，尚餘兩課必須借用其他時間補上。至於六十分鐘完成一課的教學，能否收到單元學習效果，尚屬疑問。根據期考成績：地理有三分之一，歷史有四分之一，不滿六十分。

九年義務教育從本學年度開始全面實施，課程標準和教材內容，教育部已著手以六年內分別重新編訂。希望參加編寫教科書的諸公，對於小學教材分量和難度方面，能作合理的編配。二年級以上的暫用本，希望及早以實際的教學時數，酌量減少教材分量和減低教材難度，以免影響國民小學的正常教學，而紊亂了實施九年義務教育的步伐。

（國語日報「國民教育」版 57.11.5）

老師，請用茶！

拜讀了十月十一日祈正老師在本版發表的「老師，請坐」一文後，引出了我內心中的許多話，想一吐為快。

老師上課應該坐著呢？還是站著呢？這個問題，我想無需由教育行政當局來下令或立法，應該由老師本身視當時教學上的需要，及身體狀況來決定。老師上課時，如果坐著不但不影響教學效果，而且還可鬆弛學生緊張情緒，如講述有趣的故事，或作學生學習成績考查時，則可大大方方的、舒適的坐著講課，以保持體力和精力，留待永遠上不完的「下一堂課」來發揮。否則，老師上課，還是站著講課為宜。

目前，除了大專院校的教授，可隨心所欲的坐著上課外，其餘各級學校教師，即使教學過程中有需要坐著上課，或身體不適、懷孕等困難時，寧可勉強站著上課。為什麼不敢坐著講課呢？據筆者所了解，其關鍵完全在校長及督學的觀念與作風。一般說起來，現今的督學、校長諸公，絕大多數尚未開明到允許老師坐著上課，他們以為凡是老師坐著上課的，都是不盡職的偷懶行為，其表現是不合體統的。在這種觀念與作風下，誰敢干冒被責罵、記過、革職的危險，而坐下來講課？所以，如果要想使老師坐著上課合法化，最好的辦法是先溝通校長、督學先生的觀念，才是上策。

祈正先生把老師坐著上課，與尊師重道扯在一起，筆者覺得未免太牽強些。我們不能說，老師為了教學上的需要，站著上課，便視為罰站，而做學生的便不尊師重道。相反的，如果有朝一日，督學、校長對老師坐著上課，不那麼「深惡痛絕」時，而老師整節賴坐在椅子上不起身，那才是有辱「尊師重道」了。

筆者以為老師坐著上課的機會，在整個教學過程中，所佔的比例，可說微乎其微，對於尊師重道的倡導，更是微不足道。筆者倒覺得有一件同樣是在上課時，做法既尊師重道，又對老師實惠，並有益於教學的事，很值得各學校提倡。那就是筆者晚上進修的高雄師範學院，班上每一位老師上課，服務股長便洗換一個大茶杯，倒滿一杯清香的茶水，雙手送到講桌，說聲：「老師，請用茶！」而授課老師在道聲：「謝謝！」之餘，所綻出的欣慰笑容，使我們每一位做學生的看後，也綻放出「尊師重道」的花朵。尤其我們這一群白天「為人師」，晚上做「老學生」的心中想來，更有無限的感慨，感慨自己教的學生，為什麼沒想到這樣做，難道「尊師重道」只是喊喊而已？

我常常發現到，每當老師授完一個小單元時，都會很自然的打開茶杯蓋，喝上一大口，深深的舒了一口大氣，那種舒適、滿意的表情，看在筆者心裡，真盼望「老師，請用茶！」能趕緊的普遍的推廣到每一個學校，每一個教室。

（中華日報「文教與出版」62.11.20）

聞「女老師病」有感

六月四日本省各大報紙，紛紛刊登台大醫院泌尿科主任江萬煊先生發現「女老師病」的談話。他說：「公保門診中心泌尿科醫師，常發現一種『女老師病』，是學校衛生不良所引起的；這些國中、國小的女老師，因為學校衛生設備不完善，廁所髒，只好憋下來，等放學以後，回家才排尿，日久就得了膀胱炎。」

這真是一件可怕的消息，也是從未被人注意的病癥。凡是屬於「吾家有女初長成」的父母們，心裡相信多少都會擔心「女老師病」會不會逐漸蔓延成為「女學生病」？因為目前各中小學校都在鬧廁所荒，女學生下課上廁所，幾乎都要大排長龍。再加上下課時間短暫，許多排長龍的同學，常常有不能如廁的現象。何況，大多數學校的衛生設備，比起家庭的要差得很多，上慣了家裡的廁所，對於奇臭無比，蚊子隨時侵襲，排泄物會濺人滿褲子的學校廁所，興趣乏然。所以，有很多女同學寧願忍受「憋下來」的苦，而不願受「髒廁所」的罪。

我有位讀小學的女兒，在家常常向我訴苦，說她們學校的男生最壞了。有很多次，女同學上廁所時，便學魔鬼的樣子，或大喊「壞人來了」來嚇唬她們，害得她們都不敢上廁所，一定要等到有老師上廁所時，跟在後面去。如果實在憋不住了，才邀了一大群同學壯著膽子上廁所。

讀國中的老大，也告訴我說，她們的老師好勝心很強，有幾次她們班上的學科競試，沒有得到第一名，老師便生氣的規定，不准同學下課時到外面去玩，上廁所的只准在上午第二節、下午第一節下課時間去。有時候遇到人多輪不到時，一整天沒上廁所，是常有的事。

我們做家長的，驟聞「女老師病」的發生，心中很為勞苦功高的中小學女老師們叫屈。盼望教育當局能重視這個問題，儘快的改善中小學的廁所衛生設備。同時也希望中小學的老師們，能多為需要「方便」的女學生們設想，勸導較頑皮的男生，不要在廁所向女同學作惡作劇。更希望責任心過重的老師們，下課時間能還給學生，好讓他們自由自在的自己處理自己想做的事。

（中華日報「家庭」版 64.6.7）

談「問題與討論」教學

國中新編國文課本的修訂，最大的不同，我想應該是把過去老課本的「作業問答題」，改成現在的「問題與討論」。當初新課本第一冊剛修訂完成出書時，有很多國文老師提出異議。他們認為新課本偏重白話文、新詩，而減少了文言、舊詩的比重，很不妥當。尤其反對「問題與討論」新形式的設計。

他們所持反對的理由，大概可歸納為：

(1)很多問題模稜兩可，老師很難給下定論。

(2)答案書本裡找不到，連老師都不容易答得出，何況學生。

(3)問題太活、太廣，討論起來太費時，影響教學進度。

(4)問題內容偏重文章結構、課文分析、文學鑑賞及寫作技巧等探討，這是一般國文老師本身最感欠缺的，教學很吃力。

(5)考試時不好出題，出了題，也難有確定的標準答案，不容易計分。

綜合以上理由，所以新課程實施以後，有很多學校，很多國文老師開會決定：國文課本每一課的「問題與討論」部分，上或不上悉聽尊便，但考試時不列入試題範圍。即使沒硬性規定，大家出題時，也自然會心照不宣，以免惹人閒話。而且全省各地區的高中、高職、五專等聯考，也都不把「問題與討論」列入試題範圍。在升學考試領導教學的風氣下，目前國中國文教學最弱的一環，無疑的應該算是「問題與討論」的教學了。這實在是很可惜，也很值得商榷的問題。

為甚麼說是很可惜呢？因為「問題與討論」的教學，可以使學生明瞭文章作法，課文含意，進而培養學生鑑賞與寫作的能力。正如國文課本第二頁「前言」中所說的「每一課後面所附的『問題與討論』，我們希望老師與同學們，都能特別加以重視。因為這可促使同學們對於問題深思熟慮，觸類旁通；並且在討論中彼此切磋，互相批評，必有助於思辨能力及發表能力的培養。」但是自從六十二年新課程實施以來，大家都不重視「問題與討論」的教學，以致造成了學生作文的低落，文學素養的欠缺，文章欣賞能力的貧乏；充其量只不過多認識了幾個字、幾個詞，及幾句文言的翻譯而已，無助於文學的欣賞，更無助於文章的創作。怪不得林鍾隆老師在〈談文章教學〉（見國語日報二月十六日語文週刊）一文中，曾痛心的指出：我國的中學國文教學，偏重在文字、文義的「知」的教育，對於文章、文學的欣賞和創作，完全不重視。這種結果，使得中學、大學的畢業生，除了少數對「文學」有興趣，而又肯自己進修的以外，幾乎沒有能真正欣賞文章，更沒有幾個不以寫文章為難事的。

筆者自從擔任國文教學以來，一向重視「文章」「文學」的欣賞和創作。我認為寧可文字、文義少講一些，因為目前學生手邊的工具書、參考書太多了，只要要求學生作好課前預習，那麼上課時便事半功倍了；可是文章的結構，內容的分析深究，作品的鑑賞等，雖然明知考試不考，但是一想到這些對學生真正有裨益時，我豈能昧著教育良心不講或少講？尤其新課程修訂後，對於「問題與討論」的教學，更是樂此不疲了。

這幾年來，只要有機會，無論是在會議桌上，老師們閒談之間，我都會不厭其煩地鼓吹大家多作「問題與討論」的教學。每一次國文考試，只要輪到我出題，我一定不會忘記把「問題與討論」的內容列入試題。起初我不敢太明目張膽，只是多費一點腦筋，把它設計成選擇或填充題，以免惹人閒話。到了前年，我看時機成熟，同仁已能適應，所以我便決心大膽的嘗試一下，在一年級下學期的第三次月考時，根據課本的「問題與討論」內容，用心揣摩地出了兩道問答題：

①試比較〈廬山憶遊〉和一般遊記的異同？你認為寫作遊記的重點在那兒？

②試探討都德所寫的〈最後一課〉的創作背景及其主旨是甚麼？

試卷考過以後，大家反應很好。去年三年級下學期第一次月考，又輪到我出題，於是我又出了一道題：請談一談〈壓不扁的玫瑰花〉（楊貴著）這篇小說的時代背景、創作動機，及其寫作技巧。到了本學年度，無論是月考或期考，「問題與討論」中的題目都紛紛地出現在各年級的國文試卷上。雖然增加了同仁閱卷計分的麻煩，但大家都覺得很值得，也很有意義。

我國的中學生，因為受到過去舊式「老師講學生聽」的教學影響，因此養成了「不善用口表達」的習慣。所以每當我接新班級上國文課，上起「問題與討論」時，學生不是無話可說，便是說不上兩句話，就接不下去了。遇到這種情形，我總是耐心的輔導，一再的鼓勵，加上以隨堂口試的方式，逼迫學生非認真學習不可；恩威並用的結果，學生便慢慢地重視起來，無論點到哪一位同學，大多能滔滔不絕地說出自己的意見，而且有些見解還有意想不到的創意。

上學期臨結束前，為了能更深一層的了解學生學習「問題與討論」的效果，特地用了三節課的時間，挑選出較合適的問題，加以編號，用臨時抽籤的方式，每人規定二到三分鐘的時間，上台發表自己的見解，並作為一次平時成績。當我看到學生那種出口成章，侃侃而談的表現，實在既欣慰又感動。

（國語日報「語文週刊」版 67.5.4）

由「後出塞」的疑義談起

拜讀過七月二十日本版巫仁和老師的〈談杜甫的「後出塞」〉一文後，引出了筆者心中的話，想披露出來，供大家參考。

巫老師首先提出杜甫生於「唐睿宗」，而不是「唐玄宗」，這是正確的。可是，卻有兩個年號：一個是「先天」，另一個是「太極」。課本上以及我手頭的資料都是「先天」，而巫老師卻忽然寫成「太極」，反而把我弄糊塗了。

國中國文第二冊第十五課所編選的〈後出塞〉，是杜甫五首樂府詩中的第二首。巫老師認為其中第九、十句的「悲笳數聲動，壯士慘不驕。」國語日報國中文選譯作「胡笳吹響了幾聲悲切的哀音，壯士心中悲慘，驕勇之氣都喪失了。」覺得不妥；應該譯為「聽了胡人悲傷的笳聲，心中雖覺淒涼悲慘，卻不敢驕慢疏防」較佳。學期中我教學這課之前，也和巫老師有同樣的感受，因此在講解課文時，就和巫老師的譯法相同。後來講解課文完畢，帶領學生品賞分析這首詩的時候，越品賞越覺得這種譯法有點兒離譜，似乎有強詞奪

「意」（杜甫之原意）之感；反而覺得國中文選的譯法，雖然表面上看來，前後句不能相呼應，但是它卻有深意在。

因為杜甫寫作時，唐玄宗加封安祿山為大將軍，可是安祿山心存不軌，明為調動大軍出塞征戰，而暗地裡卻在集中兵力謀反。杜甫是一位忠厚篤實，而又敏感的詩人，對安氏這種行為，當然不齒，難怪他要作詩諷刺他了。但是當時不能明寫，只能暗寓，藉以反應出戰士戒懼、怨戰和不滿的心理。如果巫老師認為較佳的譯法是合理的，那不就是要和這種心理的描述背道而馳了嗎？

筆者倒覺得第十一、十二兩句「請問大將是誰，恐是霍嫖姚。」國中文選譯作「請問大將是誰，恐怕是英勇的霍去病吧。」有兩點不妥：

第一、「恐怕是……」略帶有肯定語氣；因為此詩寫作的時間在唐代，而霍去病是漢朝名將，由此可知這位大將軍絕無可能是霍去病。因此我認為在「是」後應加「像」字較妥，使學生的觀念不致混淆。

第二、這兩句是在諷刺大將軍安祿山，故用「恐是」二字，暗寓安治軍威嚴正如霍去病，唯忠心則不如，所以譯文中添加「英勇」兩字，破壞了諷刺的含意。

筆者認為翻譯成「請問統率這大軍的將領是誰？恐怕是像漢朝霍去病那樣的名將吧？」要比較合理些。

談起了「後出塞」的翻譯問題，使筆者聯想到其他國文教學上曾經發生過的事情。

不可否認的，新編的國中國文課本，無論在課文編選、題解、作者的介紹、注釋的簡明扼要，以及問題與討論的設計，都要比過去的老課本進步高明得多。可是仍然有許多瑕疵，和令人費解的問題困擾著教師們。例如第二冊第十一課周敦頤的〈愛蓮說〉一文中，「……自李唐來，世人盛愛牡丹。……」之「盛」字，國語日報古今文選以及其他版本，都是「甚」字，而不是「盛」字，編者到底用意何在？注釋中又不加說明，使教師在學生面前很難解說。

又如第九課，〈太行山裡的旅行〉作者丁文江，課本作者欄說他死於民國二十四年；但是我手頭的所有資料都說他死於民國二十五年（見本書第三輯，頁128）。像這些困惑的問題，始終沒有對象可詢問，也沒有可資解答的參考資料。最妙的，要算是〈後出塞〉這一課。這是國中一年級學生，第一次上的樂府詩課文，課本中理應簡單介紹一下甚麼是「樂府詩」；可是卻沒想到，不但沒有介紹，而且連「樂府詩」三個字在課本裡也找不到。弄得我服務學校的國中第三次月考時，鬧出不少的笑話。或許出題老師沒研習過「樂府詩」，所以試題中有一題選擇題是這樣出的：

——第十三課「後出塞」一文，是屬於（①五言絕句②五言律詩③古詩④詞）。標準答案是③古詩。

考試後，國文老師雖集中閱卷，居然沒有人提出異議（當時我不在場）。擔任評閱選擇題的兩位老師，也照著標準答案打分；等我發下考卷，學生提出抗議後，我才發現。

另外有一題填充題——〈後出塞〉一課中，哪兩句最能給你壯美的感受？（類似「問題與討論」第三題）

出題老師主張一定要填「落日照大旗，馬鳴風蕭蕭」兩句，否則不能給分。不錯，這兩句可以說是千古名句，但是各人的感受不同，尤其詩詞給人的感受，差距更大，你認為壯美的句子，別人不一定覺得壯美。所以我覺得詩文品賞的教學，教師應該多讓學生海闊天空的翱翔，千萬不要像鑄物匠似的給每一個學生同樣的品賞模子。

由以上幾種事例的發生看來，目前國中國文科教學上有兩件急待改善的問題：

⑴國文老師在教學前，手頭上沒有教學指引，也缺乏可靠的參考資料，教材一有問題，就感到束手無策，最後只得全憑自己一時的看法和猜測來解答學生疑難。再不然就拿出坊間出版的「自修大全」或「國中文選」照本宣講。

⑵一般人（連國中校長在內）都以為國文最容易教，所以各國中普遍有一種觀念，沒有其他專長或相關科系的，都請他擔任國文科，以致國文師資不夠健全。

因此，筆者建議有關教育當局：

⑴趕緊著手編印國文科的教學指引。

⑵國立編譯館不僅要編印出適用的教科書，也要負起出書後教材疑難解答的責任，並隨時注意解答報章雜誌上，對教科書所發現的問題。

⑶儘量設法提高國文教師素質，多鼓勵在職進修或舉辦研習會。

（國語日報「語文週刊」64.8.24／31連載）

禪在心中與佛同在

——讀「星雲禪話」有感

在一般人的心目中，「禪」和哲學一樣的玄妙、深奧。玄妙得使人覺得深不可測，深奧得令人不敢越雷池一步。所以大多數人都望而生畏，不敢輕易涉獵。

就讀台南女中的二女兒，放寒假帶回來一本《星雲禪話》（台視文化出版社），這是她們的寒假作業之一。老師要她們利用寒假研讀，把心得用英文或中文寫出來。她研讀再三，雖然星雲大師的禪理禪事講得很淺白，但是她還是悟不出其中道理，了解不出禪性，拿著書求教於我。我告訴她，我也不懂禪理，也從未鑽研過禪書。但是我倒可以來研讀一番，試寫心得，相互切磋。

讀完了《星雲禪話》一書，從一篇一篇禪宗大師當初學禪的小故事中，我慢慢地領悟出，禪並不是深不可測的，而是心靈的覺悟。禪也不玄奇，只要讀者以心靈相對，便可以悟出真理。

禪師學禪悟道的時候，或是機鋒銳利，或是沈默不語，甚至於沒有文字，但是在揚眉轉目、舉止動念之間，給人很大的啟發，傳達震聾發聵的法音。閱讀《星》書，真是一件賞心樂事。

一個視之如命的心愛物，如果被人毀壞了，一般人的反應不是暴跳如雷，責罵報復，便是懲罰肇事者。有個寺院住持金代禪師，有一天要外出雲遊，把看成如生命一樣的蘭花交給弟子照顧。弟子奉命澆水的時候，不小心碰倒花架，蘭花盆全打碎了，弟子非常惶恐，等師父回來接受懲罰。

金代禪師回來後，召集弟子說：「我種蘭花，一來是希望用香花供佛，二來是為了美化環境，並不是為了生氣種的。」好一個「不是為了生氣才種蘭花」。這一句話，如果用在日常生活中，妙用可大了。

父母生兒育女，子女難免會惹父母生氣，做父母的在生氣的時候，如能想我們生兒育女不是為了生氣，自然會更具耐心。做老師的當學生頑皮的時候，如能想教導學生長進，不是為了生氣，便會更有愛心。交朋友難免會有誤會發生，在感情受到傷害的時候，我們也可以如是想，我們交朋友不是為了生氣。人世間的事，如果都能套上這種想法，心情怎能不海闊天空？生活怎能不幸福美滿？

一杯水、一塊錢、一分鐘，在我們的眼中，可以說是微不足道，但是在人世間的妙用卻無窮。在〈滴水和尚〉一文中，有個小故事是這樣說的。

有一天，儀山禪師想洗澡，弟子為他準備的水太燙，便命弟子提一桶冷水調和。冷水只用了半桶，弟子順手就把水倒了，儀山禪師很不高興，教訓弟子說：「怎麼可以如此浪費？世界的財富，不管任何東西，都有它的用處。那半桶水，如果澆在花草樹木上，就發揮了它的價值。即使是一滴水，它的價值也是無限大的。」

弟子聽了，大徹大悟，銘心感動，從此就把自己的名字改為「滴水」。他就是後來非常有名的「滴水禪師」。

如果我們把心和滴水融合在一起，心包太虛，一滴水不就是等於無限的時空？由此可知，人生在世，所有的福分是有限的，萬貫家財也有用完的時候，金錢、愛情、福分、壽命、享受等都是有限的，就像銀行的存款，終有用盡的時候，所以我們凡事必須節用惜福。滴水雖然微不足道，但是大海也是滴水聚成。

由這個故事，我們也可以得到另一種啟示，滴水可以穿石。所謂「莫以惡小而為之」，小的惡事做多了，就成了大惡。同理，「莫以善小而不為」，集合許多小的善事，便成了大的功德。這些都是要靠禪心來體認的。

許多同學，每天抱著書本，早也讀，晚也讀，一天二十四小時，除了吃飯、睡覺，就是讀書，但是始終讀不出好成績來。這和「不留平常心」中的學僧跟禪師學禪一樣。雖然他非常用功打坐，心也無雜念，但是始終不能悟道。

有一天，他去向禪師求教。禪師拿起身邊的葫蘆對學僧說：「去把葫蘆裝水，再把鹽放進去，等鹽溶化了，你就開悟了。」

學僧聽了，心想這太簡單了，這次包準可以開悟。過了幾天，學僧垂頭喪氣回來報告說：「葫蘆口太小，勉強裝進鹽塊，卻不溶化，用筷子攪和，又攪不動，到現在鹽塊還沒有溶化。我想，我是無法開悟了。」

禪師聽了，把葫蘆中的水倒了一些，再搖動幾下，一會兒鹽塊都溶化了。禪師慈祥地對學僧說：「一天到晚只知用功，不留一些平常心思考，就好像裝滿水的葫蘆，搖不動，攪不匀，如何化鹽？又如何開悟？修行像彈琴，弦太緊會斷線，太鬆彈不出好聲音。中道、平常心才是悟道之本。」學僧終於領悟了。

世間事，不是一味蠻幹就能進步的，讀死書而不能用思考，不急不緩，不緊不鬆，樂觀踏實，才是成功之道。

以上是《星雲禪話》中六十篇故事裡的三個小故事。「不是為了生氣才種蘭花」、「倒掉半桶水」、「倒掉一些葫蘆水，搖晃幾下，鹽塊溶了」，這些簡單的言語動作，在日常生活中，看起來那麼平常無奇，卻包含無窮的禪理佛性。在忙碌中打滾的現代人，如果每天在忙中偷閒幾分鐘，看一篇「禪話」，思索一則「禪理」，那麼你將是頗具慧根，與佛同在的現代人了。

（國語日報「少年」版 77.6.9）

（編者按：本文刊登後，星雲大師閱畢，滿心喜悅，即令主持贈送一套三本「星雲禪話」精裝本給作者，並徵求同意轉載其他佛書。）

「萬巒妹仔沒便宜」的諺語由來

我生在萬巒，長在萬巒，長大成人後，雖出外教書打拚，但心還是惦念著萬巒的故鄉事。所以，當看到本刊55期曾喜城先生的〈萬巒妹仔沒便宜〉的目錄時，我便迫不及待的想看一看到底是怎麼一回事？和我小時候這句諺語的由來有沒有相同？便急忙翻到28頁看看。

沒想到讓我大失所望，似乎有受騙的感覺（要寫：〈萬巒妹仔沒便宜〉序，這種標題才合理。），文中「萬巒妹仔」怎麼「沒便宜」法，連一個字也沒談到，實在有夠離譜。

曾先生的「萬」書，我沒拜讀過，他那一篇「萬巒妹仔沒便宜」的諺語是怎麼寫的，我並不知道。我只知道這句諺語的典故是發生在古早我們這一輩人的年輕時代，那是四十幾年前的故事了。

「沒便宜」三個字，從古到今一直流行在六堆客家。譬如：內埔的米篩目沒便宜、長治的炒豬腸沒便宜、美濃中正湖邊的鯉魚三吃沒便宜等等，在我們日常生活中，常常講出來。但是「萬巒妹仔沒便宜」這句話會流行成諺語，其由來卻是從我們這群當時的年輕人身上開始轟動起來的。

在民國四十年初，那時萬巒河壩上還沒有建萬巒大橋，由萬巒要去竹田、內埔、屏東等地方，經過河壩時，必須走過搖搖擺擺臨時搭建的竹橋。每次大水一來，竹橋便被大水沖走了，那時便要渡竹筏過河。記得，四十一年我考內埔中學時，我就是坐竹筏過河。所以當時公路局客運公司的車子，都是繞過潮州再到萬巒，因為班次少，搭乘很不方便，加上沒賣學生月票。所以，凡是讀屏中、屏女的學生，絕大多數都是騎腳踏車到潮州寄放，再走到車站搭火車到屏東通學的。

我們是民國三十四年光復後第二年入學的，四十一年畢業於萬巒國小，當年畢業兩班，有七名考上屏中，五名考上屏女，成績還算不錯。記得高年級的算術老師是林玉光先生，國語是師範新畢業生曾漢華先生。

當時台灣的經濟很蕭條，家家戶戶的生活都很苦，給孩子讀中學的風氣還不很普遍，考不上的或特別窮的家庭，都叫孩子學手藝或放牛。有福氣讀書的男女學生放學回家或星期例假，都要幫忙做家事、幫做工賺錢，所以在家溫習功課的時間，幾乎都被剝奪殆盡。

每天上學等車或在火車上的一段時間，及下車後走路到屏中、屏女的路上，是我們這些窮苦家庭子弟看書、背英文單字的最珍貴的時段。可是，就是有一些登徒子，無聊的後生頭仔，不但不利用這段難得的時間準備功課，而且還到處招蜂引蝶的去偷看或戲弄細妹仔，害得一群想看書的乖女孩，東躲西藏、苦不堪言。

我們這一屆考上屏女的女同學，個個白皮嫩肉、亭亭玉立。雖然生長在鄉下，但是看起來很得人疼，不會輸給都市姑娘。再加上是初中的新鮮人，看起來實在可愛，所以一些無聊的登徒子，便像蒼蠅般的經常飛在她們的四周圍，揮之不去，躲也躲不掉，實在讓她們頭痛不已。

其中有一位李姓同學，記得好像家住在萬巒國小旁邊，人長得高䠷清秀，眉宇間常散發出靈慧。平日沉默寡言笑，是很有個性的乖女孩，她一舉手、一投足，在言談之間，似乎有一股神聖不可侵犯的莊嚴。因此，其他女同學都喜歡和她在一起，免得被無聊的後生頭仔騷擾。

和往常一樣，一群吊兒郎噹的男生，肩上掛著扁扁沒幾本書的書包，頭上戴著歪歪斜斜的帽子，從火車頭的車廂開始，一廂廂的走向火車尾，用那鷹眼似的眼睛，去獵取他們心目中的獵物。

那時的普通列車都是因陋就簡，有的還是運貨載豬的車廂充當學生專車，比較好的車廂要算四周圍架起長板凳，外加一層軟墊，中間是走道兼站位，廂頂掛了許多吊環，預防起動、停車時旅客跌倒。因為車廂少，上班、上學的人多，所以幾乎班班車廂擠滿了人，吊滿了穿了衣服的北京烤鴨。

也許是考期將屆，用功的學生一上車就急著一手握吊環，另一手拿著書本猛啃。車過西勢站，女生身邊不知何時多了穿卡其制服，但手不拿書的後生頭仔，利用車子的顛簸，順勢用手和身子碰摸她們。女生們警覺有異，便閃閃躲躲，不想理睬他們。可是，這些後生頭仔看到小女生畏畏縮縮沒反抗，更得寸進尺的想多佔些便宜。……

這時，李姓同學挺身插腰向前踏出一步，大吼一聲：「你們想幹什麼？」全車廂裡的人都嚇了一跳，眼珠子盯著她看。

「沒有呀！」嬉皮笑臉的滿不在乎的說。

「還說沒有，一個個色迷迷的，想吃豆腐佔便宜？門都沒有！看你們一個個鳥裡鳥氣的，哪有人樣？不好好讀書，只知胡鬧，一個個留級還不知羞恥。……滾！滾得遠遠的，以後再來騷擾，我會告訴你們學校。」這一群受驚嚇的混混，便夾著尾巴似的，頭也不敢回的溜走了。全車的人都拍手叫好。

後來為什麼有「萬巒妹仔沒便宜」的諺語流傳？這是因為這一群吃到苦頭的後生頭仔，有佳冬、新埤、潮州、竹田、西勢等地的人，他們在同儕團體中交際廣、人頭熟，歸到鄉裡通風報信，警告大家千萬不可去惹萬巒的細妹仔，因為萬巒的細妹仔「真惡」、「蓋厲害」、「動不得」，確確實實一點都佔不到便宜。就這樣，「沒便宜」的細妹仔「正」

字標記，就被「萬巒」註冊走了。從此以後「萬巒妹仔沒便宜」的諺語，就一直廣為流傳下來。

（「六堆」雜誌　第56期　85.8.1）

讀「漫談一個觀念的問題」有感

閱讀了〈台南師專校刊〉第八期中林貞羊老師的〈漫談一個觀念的問題〉後，感觸頗多，這並不是林老師的文章寫得如何感人，而是林老師公然的揭開我們同學隱藏很久而又羞於告人的瘡疤。誠如林老師說的：五專的同學為了不能讀高中進大學，垂頭喪氣，心灰意冷；三專的同學為了怕當大兵，混混資格而虛度光陰，荒廢學業。不管三專五專，離校後通通都是由大學的美夢，跌入「小」學的牢獄。於是，凡事懵懵懂懂，拖拖宕宕，塞責了事。出門，撕下制服上的校名，過一下大學生的癮；有人問起就讀何校？漲紅著臉吞吐推脫，就好像做了件不可告人的事。總認為做一位小學老師是頂沒有出息的事，昔日的豪氣，入學時每卅人才錄取自己的榮耀，不知何時遁失，時時嘆氣，處處自憐，自卑的黯影，於是遮掩了光明的一面。碰到其他大專的同學，不是躲躲藏藏，便是揚他人的威風，盡滅自己的豪氣。此景此情，想起來真令人心痛。

剛入學時，我也覺得處處抬不起頭，穿上制服即有見不得人的感覺。可是，我天生有一股不服輸的傲氣。大家認為不能與其他大學生比，我卻要故意去比，而且要挑好的比。

寒假，我參加了社團負責人講習——歲寒三友會，出乎意料的，並沒有人把我當作我們想像中的「師專生」那般。暑假，我又北上參加亞洲關係研習營，參加的營友，大部分是同學們心目中羨煞的台大、政大、師大等校的學生（師專獨我一個），我不但沒有不如人的感覺，而且我組裡的笑話、演講、辯論等比賽代表，都硬拉我參加。其他種種活動，為了避免老王賣瓜，只好省了。不過，最後我拿了總成績第一回來是千真萬確的。

我總覺得：人各有志，英雄不問出身。在有名的大學裡，固然有許多的好人才，而迷迷糊糊的學生為數也不少，正如我們裡頭將來會有不少出類拔萃的人物出現一樣。今日我們自己過分看輕自己，即等於癆病鬼不給自己多吃營養一樣，先天已是不良，加上後天不給予調養，這種人何能長存於世？

一個人的事業，不要太重視現實社會裡的酬勞和地位；小學教員雖然是「小」，可是大、中學教員又何其「大」呢？如果我們不從薪津、地位上去衡量，而從教育本身對國家、民族的貢獻上談，我相信大家會以擔任小學教師而感到欣慰。

現在，我們最迫切需要的是趕緊恢復我們的自信心和專業精神。自信才能自強，自強而後才能開拓偉大的前程。有了專業精神，意志才不致徬徨，精神才有寄託，事業才得宏大專精。同學們！您若想要做個成功的人，最起碼您需具備會有成功的念頭和條件。然後自信引導您，專業精神為您打氣，走完教育事業的全程。

（台南師專校刊 52.4.5）

第六輯

教育文學

童心．兒話

——兼答遯禪先生兩疑問

元月二十二日中國時報第十版人間副刊方塊專欄中，刊登了遯禪先生的「國語課本兩大疑問」。筆者看過後，覺得這兩個疑問，以一個國學修養深厚，從事方塊專欄寫作，處處必須注意修辭、文法者的立場來看，其懷疑自然能言之成理。但是，若換了一個以兒童為對象，根據兒童心理發展，專為孩童啟發思想，引導人性向善，充實生活經驗，幫助學童說話和識字的教師立場來看，那麼遯禪先生的疑問，實在是多餘的了。為甚麼？讓筆者分別申述如下：

①牽牛花（第一冊第七課）

小英英，快起來，起來看花去。
小英英，你看牽牛花，起得多麼早。
小英英，你看牽牛花，開得多麼好。

參考「國語教學指引」的內容，此課的教學目的，其附學習是在指導兒童，由語文學習活動中，欣賞自然界花草之美，藉以陶冶性情，並培養其勤勞早起的好習慣。真如遯禪先生說的：「寓生活教育於語文教育中。」雖然這篇課文只有短短的幾個字，而且多是重複字詞，但在初學國語的一年級新生來說，可說是一篇很有分量的「兒童文學」。

在此課中，遯禪先生認為牽牛花如何會「起」得早？花「開」毫無起的意味在內。換句話說：「起」和「開」是兩回事，不能並列說，甚至於根本就不能用「起」字。

根據修辭學的理論，花是不能說「起」的，應該說「開」，這是很中肯合理的看法。但是，依兒童文學的觀點來說，說牽牛花用「起」字，而不用「開」字，乃是因為小英英當時自己起得早，才能看到沾滿露珠兒、迎著晨曦，「起」得很早的牽牛花。這是兒童文學常用的一種說法；其意旨在教兒童從周圍的事物、形象中，去了解語言文字中的每一個字或一個詞。誠然，照成年人的眼光，以為牽牛花從不進到屋裡，躺在床上睡覺，因此它不可能有「起」床的形象。但是，只要稍稍懂得兒童心理學的人，都會曉得：凡是在兒童周圍的事事物物，不管是有生命或無生命，他們都會以「自我」為中心，賦予所謂「成年人」無法想像得到的一種感情。

例如：一個小女孩，面對著玩具洋娃娃，也許她會像母親般地去照顧它，給它穿衣，和它說話，甚至於不厭其煩地把學校老師教給她們的故事，說給它聽。又如一個小男孩，如果常聽到媽媽一天到晚說沒錢去香港看姨媽時，也許會把剛做好的紙飛機，興匆匆的跑到媽身邊告訴媽，他的飛機可免費送她去香港。就像國語課本第一冊第九課，也是根據此種兒童心理寫成的。以上兩個例子，在一般大人來看，或許會覺得很好笑，很荒謬。但是，在兒童心中，這是最神聖、最真誠的事。前者是「愛」心的表現；後者是「孝」心的實踐。做父母、老師的，不但不可譏笑、輕視他們，而且應該從小多培養此種心性。

根據兒童的這種心理意識，一個童心未泯的正常孩子，會由牽牛花聯想到自己。因為小英英起得早，才能看到清晨的牽牛花；如果小英英賴在床上不起來，便看不到晨曦下的牽牛花，就好像牽牛花也賴在床上不肯起來；這遲起的小英英看到它時，已經不早了，所看到的牽牛花便沒有「起」得早的意味了。因此，「小英英，快起來，起來看花去。小英英，你看牽牛花，起得多麼早。……」這是很自然的說法，也是很合乎兒童心理的聯想。

至於下一句「小英英，你看，牽牛花開得多麼好。」的「開」字，接著上面的「起」字，筆者覺得並沒有甚麼不倫不類。因為小英英早晨很早起來，看到牽牛花時最先的聯想該是「早起」，接著才是看到真實的形象——花開得好。況且牽牛花不是開一天便凋謝了，也不是夜晚合，白天開。小英英所看到的牽牛花，也許已經開了幾天，只是經過露珠兒一夜的滋潤，更顯得生氣蓬勃罷了。所以「開」字在這兒用得也很適當。如果讓我教學這一課，我不但要把此種心情、想法融會貫通在教學中，而且還要在最後加上：「小英英，看了花，高興的說：『牽牛花，您早啊！您好漂亮啊！』」來加深孩童對早起的愉快感，培育看到美的東西便很自然地給予讚賞的習慣。

②我是小草（第一冊第八課）

小心走，不要踏壞了我，我是一棵小草。
小心走，不要踏壞了我們，我們是一片美麗的草地。

本課除了達到語文教學的主目的外，其意旨還想從語文學習活動中，培養兒童愛護花木的公德心，和豐富的活潑的想像力。因為有此目的，所以作者特地把小草比擬為有生命、會說話、有感情的生物，如同需要大人們保護的弱小生命一樣。在大人們的看法，這些小草不值得一顧，踐踏又何足惜？可是，經作者以生動的筆調這樣一描述，只要是童心未泯的學童，相信讀後會不忍心再去踐踏草地了。這種寫法，比起光復之初筆者所念的國語課本「來來來，來上學；去去去，去遊戲。」實在要高明多了。可惜學童在學校教育中培養出來的公德心，放學後走出校門，看到「芥芥小草，不足愛惜」的所謂「大人」的表現，人類的劣根性又「恢復」了。這就是學校教育為甚麼始終不能達到理想的主因，這是值得「大人」們反省的。

邂禪先生捨這些重點不談，卻搬出文法理論，指摘第二段在文法上說不通；他認為在文句上看，第二段的主體並不是草，「美麗的草」只是一個形容短句，用以形容那片「地」，真正的主體乃是地。既是「一片地」在發言，它便不能自稱「我們」。如果用我們作代名詞，那發言的應是「小草」，而不是一片草「地」。……

筆者由衷地佩服遯禪先生的文法學修養。誠然，此處所用的「地」字，乍看起來，實在有點兒不很高明。但是，有時候在兒童文學的寫作上，為了多用「兒語化」的口氣，不能太顧慮文法。對於剛學說話、識字的孩童更是如此。我們不能批評剛滿周歲的小孩說的「媽媽，抱抱……」在語法上有甚麼不對，而要強求他們注意語法。同樣道理，我們也似乎不應該過分要求剛滿六歲，才開始識字的孩童，摒棄他們的童心兒話，去遷就連「大人」們也常常攪不清的文法。過去，小學國語課本為甚麼編寫得不能令人滿意，就是太重視「大人」們的「生活理想」模子，而忽視了「童心」；用呆板的「文法」，束縛了「童話」的自由發展。如今，新編的低年級國語課本，已經改善了很多，這是因為能用兒童文學的寫作技巧，來編寫國語課本。了解這點以後，便不難知道遯禪先生的疑問是否多餘了。

「我是小草」這一課，它的主題無疑是「小草」，再怎樣去描寫，還是以「草」為主體。作者設想周到，先由「個體」寫起——小心走，不要踏壞了我，我是一棵小草（第一段）；再發展到「群體」——小心走，不要踏壞了我們，我們是一片美麗的草地（第二段）。如此重視群育，值得喝采。

遯禪先生所以對這課加以指責，主要在一個「地」字。其實，筆者反覆看完全課，卻認為這個「地」字是全課中最不值得重視而可有可無的一個字。請看，「我們是一片美麗的草。」或者「我們是一片美麗的青草。」您認為如何?少了「地」字，並沒有破壞了原來的文意，文法上更不應該有問題才對。所差欠的只不過是好像少了些甚麼似的，就好像一條好端端的狼狗斬了一截尾巴。以兒童文學的觀點來看，全課的主體是「草」，而不是「地」。而「地」字的作用，只是給人一份真實感而已。

最後，遯禪先生還有一個憂慮，以為小學教師在講授此課時，若有學童起來發問，教師將無以對答。筆者認為這真是杞人憂天。國語課本第一冊全國各小學已在上學期實際上過，相信教一年級的老師，沒有一位這樣被質詢過。因為剛入學識字的六歲孩童是不懂遯禪先生這一套理論的。而且現在小學教師大多數接受過師範教育，熟悉兒童心理，多少懂得些兒童文學；即使有學童起來發問，相信也能給兒童圓滿答覆。

因為筆者覺得自從實施九年國民義務教育後，重新編寫的小學國語課本，比過去實在有很多的優點。深恐小學教師們再對新編課本失去信心；又覺得遯禪先生的兩個懷疑是多餘的；故不揣譾陋，為文就教於教育界諸先進。

（國語日報　「國民教育」版　59. 4. 28）

老人和孝子

從前，在江蘇省長江口地方，有個崇明縣，住有一個老人，年紀已經九十九歲了。他的妻子，也有九十七歲。

老人有四個兒子。因為在壯年的時候，家境貧窮，沒辦法謀生。於是就把四個兒子，賣給當地有錢的人家做奴僕，所得的錢，勉強來維持家裡的生活。

後來，兒子們長大了，大家都能自謀生活。他們都很能體念父母親當時賣他們的苦衷，所以，四個兒子便分別向主人償還從前所賣得的錢，回到家裡。並且各自娶了妻子，住在一起，奉養他們的父母。

他們一同住在縣城的西端，共有五間房子。四個兒子各自經商開店，四家店鋪，排列在一起，當中一間，做為四家共用的客廳，並供奉祖先靈位。

四個兒子奉養父母親，都很孝順，從不讓父母生氣。他們為了要隨時侍奉父母，所以都爭著要父母到自己的家中住。可是，其他三個兒子說什麼都不肯答應。最後，大家只得商定折衷的辦法，每家每月輪住一次，輪完以後，再從頭輪起。

這種辦法實施不久，大家都感覺到很不方便，無形中好像和父母疏遠了很久。於是，大媳婦便召集其他三位媳婦來商量；大媳婦說：「公婆年紀老了，要是一月一輪，四家輪轉來，必須要過了三個月，才得奉侍。三個月實在太長了，我們是不是可以再商量更好的辦法？」

二媳婦說：「一月一輪是太長了，不如一週一輪好了。」

三媳婦說：「依我看，一週一輪仍舊是太久了，不如一天一輪好。」

四媳婦不等大嫂、二嫂表示意見，便搶著說：「公婆年紀實在老了，假如一天一輪，便要等三天以後，方得奉侍，這也未免隔得太遠了！」

於是，四個媳婦便決定以一餐為度；譬如早飯在大兒子家裡吃，中飯便在次子家裡，晚餐由第三個兒子供給，明天早上，在小兒子那裡吃，一轉完了，再依次輪吃。每月逢五逢十的日子，四個兒子就一起搬到中堂會餐，父母向著南面坐上位；東邊是四個兒子和孫兒們，西邊是四個媳婦和孫媳們，左右照著長幼的次序坐定，挨次向老人夫婦敬酒，藉著這個機會，共享大家庭的天倫之樂。

這個辦法，終於成了常規。老人飲食的地方，後面放著一只櫃櫥，櫥裡面四個兒子各放錢一串，每串五十文。老人吃了飯，就反手向櫥裡隨便拿一串錢，走到街上去玩，或買些水果、糕餅等消消閒。櫥裡的錢用完了，兒子們又悄悄地補進去，不給老人知道。

老人有時到朋友家裡去玩，或是在那裡下棋、玩牌，四個兒子便設法去查明，暗地裡叫人帶了二三百文錢，放在那家，請他們好好的招待他。如果老人有興趣賭錢時，則請那家的人故意輸錢給他。老人贏了錢，便很快活的拿了錢回來，並買些好吃的帶回家，逗曾孫兒們玩。

這樣的事，幾十年間，從來沒有改變過，老人夫婦倆，到了長子年紀七十七歲的時候，還都很健康。那時其他的兒子，頭髮也都半白了，孫兒和曾孫一共有二十多人呢！

小朋友，你說這一對老人幸福不幸福？四個兒子和媳婦孝順不孝順？

（青年戰士報 59.12.14）

奇妙的考法

太平天國滅亡以後，清朝需要很多的人才。李鴻章介紹劉銘傳等三位當時稍有名望的人給曾國藩，請曾國藩挑選，然後推薦給清朝的皇帝任用。

曾國藩通知他們三個人在某一天某一點鐘到他家客廳去當面口試。第一次，第二次曾國藩都藉口說有事，沒有接見他們，可是暗中叫人觀察他們三個人在客廳裡的一舉一動。

在等候的時候，除了劉銘傳安靜地欣賞牆上的圖畫和書法以外，其餘兩位不是顯得急躁，就是不停的咒罵。

到了第三次，曾國藩正式接見他們，並且問他們牆上掛的字寫了些什麼。只有劉銘傳回答得全對。所以劉銘傳就被推薦為台灣總督。

（國語日報三百字故事「賣貓的故事」48.12.25）

阿雄的新鞋子

前幾天，級任陳老師在「倫理與道德」課上，講完了「升學國中」的問題後，附帶告訴同學說：「各位小朋友，你們再過一個星期就要舉行畢業典禮了。六年來，你們在學校表現得非常好，每一位老師都讚美，所以學校準備為你們舉行隆重的畢業典禮，也請了很多的來賓和家長來觀禮。畢業典禮是你們的大日子，也是最值得回憶的一天，希望那天的服裝、儀容要特別整潔，尤其是受獎的同學更要注意，免得在來賓面前失禮。」

下了課，阿雄一個人踽踽地走向學校東邊角落的大鳳凰樹下。邊走邊想：再過一星期，就要畢業離校了，想起可敬可愛的老師，和朝夕相處的同學，心裡有說不出的難過。尤其老師剛才說的話，他不知道要怎麼辦才好，因為他也是受獎人之一。衣服是媽媽新年時給他添製的，雖然不很新，但是沒有破，回家後洗乾淨燙平，穿上還不難看，但是一看見腳下穿的那雙破鞋，眼淚就不由自主地由眼角慢慢地流出來。

「阿雄，怎麼了？甚麼地方不舒服？」班長阿東不知道甚麼時候跟了過來，看見好朋友阿雄傷心，關心地問。

「……」阿雄看見阿東來了，馬上拭乾了眼淚，裝出笑容，直搖頭，因為他不願意別人說他是「愛哭的男生」。

「阿雄，我們是好朋友，請你不要隱瞞，心裡有甚麼難過的事，告訴我，好讓我給你出個主意。」

「沒甚麼！阿東，別再問下去了，請讓我一個人靜一靜好嗎？」阿雄低著頭，一面看著腳上的破鞋，一面喃喃地說。

阿東是一個聰明伶俐的孩子，他平常又跟阿雄很要好，現在看了這種情形，心裡有數。為了不傷阿雄的自尊心，裝成很失望的樣子離開了。

第二天，阿雄像往常一樣，吃了晚飯，忙完家事後，習慣地又拿出書包，在家裡的飯桌上溫習功課。打開書包，拿出書本時，忽然有一個沉甸甸的信封掉到地上。阿雄覺得奇怪，拾起來一看，信封上寫著：秦武雄親啟。阿雄詫異地撕開封口，裡頭有一大疊十元紙幣及許多五元、壹元的硬幣，還附了一張便條，上面寫著：

「阿雄，每一個人都有遇到困難的時候；所不同的是，有些人遇到困難只會傷心流淚，有些人卻曉得勇敢地去迎接困難，解決困難。

同學知道你的困難以後，他們一個個都很樂意替你解決困難，捐出身上的零用錢，共計二百二十八元正，敬請收納。並請快到街上買雙新球鞋，免得畢業典禮那天，讓老師難過。

好友　阿東敬上」

看完便條，阿雄心中感動又慚愧；覺得同學對他太好了，心裡非常激動，再也無法靜下心溫習功課，走進臥室，躺在床上，哭了起來。

阿雄不知不覺睡著了，不知睡了多久，忽然從夢中驚醒，白天所發生的事，卻一幕幕地又在他的腦海裡重現，使他再也睡不著。

「阿雄，每一個人都有遇到困難的時候。……」

「對！我不能只會傷心流淚，自己的困難，應該自己去解決。我國小快畢業了，已經不小了，我為甚麼不用自己的勞力，去換取自己所需要的鞋呢？」阿雄盼望黑暗趕快過去，光明趕快降臨，好讓他早一點兒實現他心中的計畫。

第三天，星期一的下午，體育老師因為有公事沒有來上課，阿雄徵得了班長的同意，上台向同學致謝。

「各位同學！我不知道要怎麼說，才能說出我對各位同學的謝意。大家對我的鼓勵，我會一輩子牢記在心中。」阿雄一面說，一面拿出一雙新球鞋，繼續說：「我已經買了新鞋，但是不是用各位幫助我的那些錢買的。這是我替隔壁養雞場林伯伯餵雞、撿蛋、晒雞糞換來的。本來兩天的工資沒那麼多，可是好心的林伯伯特別多付了工資，幫忙解決我的困難。到今天我才真正地了解『自助人助』的道理，尤其班長的那句話——『迎接困難，解決困難』的話，使我更堅強，更充滿自信，今天我所以能有這雙新鞋，可以說是各位同學賜給我的。現在我能這樣充滿信心，也是因為得到班長以及各位同學的鼓勵。……」

接著，阿雄從口袋中取出一個紙包說：「這些錢我想請班長收回發還各位同學。雖然我沒得到這些錢，但是我的內心卻得到了比這更多的溫情和啟示。今後的日子，我會永遠珍惜它。謝謝各位，祝福大家。」阿雄在大家的熱烈掌聲中回到座位。

班長接下紙包，準備發還同學，有位同學站起來說：「我們快畢業了，老師幾年來對我們太好了，我建議用這些錢到銀樓製作一面『吾愛吾師』的銀盾送給老師留念，好不好？」教室裡頓時又響起了一陣熱烈的掌聲。大家都因為阿雄的新鞋的事，心中洋溢著無限的溫暖和希望。

（國語日報「兒童」版 70.7.12）

青年渴望新文學

前幾天有位台南師專同學來看我。閒聊中，我們又談到文學，談到過去在校搞文藝刊物的傻勁，並談到時下青年人對目前國文科教材及教法的不滿。在喟歎聲中，那位同學沉痛的說：「還是你那篇在『文藝創作』第五期寫的社論，穆中南等五位作家甚具同感。但無能為力的呼籲——我們渴望新文學，來得中肯。」(穆校長曾率朱橋、許希哲、楚軍和朱嘯秋等五位作家，訪問我們的社團「文藝創作協會」。)

同學走後，我找出那篇社論，覺得還可以反映出時下青年人的心聲；尤其是最近文藝界，一再的呼籲要提高國文程度，重視新文學，修訂大專國文系課程的現在，是值得披露出來，作為教育先進們參考的。

「五四運動到今天，行將五十年了。我們新文學的發展，理應早已趕上世界新文化的潮流；我們新文學的路子，也理應走得很穩很健才是。可惜，我們不但沒有趕上世界新文化的潮流，而且文學的路子，始終還停步於新舊的矛盾中。社會上，一般人都熱衷於新文學新文藝的探討；學校裡，仍舊是古文言舊文學的大批販賣，而且藉著考試，強迫推銷。因此，學校與社會不能銜接，作家不出於文學院。我們常懷疑：目前一味主教古文學的國文教師，曾否統計過教學效果？曾否調查過學生們對新舊文學的學習傾向？如果為了保護國粹，也應該古文學新教法，萬不可將從前的私塾教法延用到今天。我們認為：讀一本新文學新意境的作品，比死背幾篇古文而不能活用來得實惠，而且興趣盎然。教一篇現代作家的上乘作品，遠勝於作古已久，不知幾百幾千年前的作家的作品，來得容易讓人接受。我們真不懂：遙隔幾世紀的人，怎能和我們做心靈上的溝通？他們和我們的觀念、思想怎能一致？怎能神交？

所以，我們堅決地站起來高呼：我們需要的是以現代人的手法，來處理祖先留傳下來的文學遺產；不僅僅作字面上的解釋、文字上的背誦，更要作意境上的探究，作者創作的動機、背景，以及文學價值上的鑑賞；並要以現實生活為依據，作為古意境用新文學改寫。我們不歡迎意境平庸，只在玩弄古文言的技巧，在深奧文字上作遊戲的古文學。我們更渴望有系統的介紹世界各國的新文學，滋潤我們的心靈，奠定年輕一輩的新文學基礎，為中國的文化開創新的紀元。」

（國語日報「語文周刊」57. 5. 9）

當小學老師的那個年代

四十七年暑假從屏東師範畢業，如願分派到屏東縣服務。那時候分發學校任教，還沒建立制度，不按成績，也不填志願，大家各顯神通、各憑人際關係，由教育局承辦分發人員以好惡、人情、關說、送禮等要件來作決定。當時，我們是平凡人家，沒顯赫家世，人際關係不怎樣，加上自己認為：男兒志在四方，管他上山下海，隨便他分發。可是，我爸可不這麼想；他認為離家太遠，如果當日不能往返，不但增加開銷，而且家事幫不上忙。因此，他暗地裡四處請託奔走，終於分發在離萬巒最近的山地鄉──來義國小。事後得知，他是以我第一個月薪水四百八十元的四分之一代價，請議員大爺幫忙的。

從家裡騎腳踏車（當時還沒摩托車）上山，大約要一小時，下山只要四十五分鐘。到了學校一看，兩排都是茅草蓋的教室，全校不到十班，學生才二百多人，都是屬於排灣族的原住民，個個黝黑純樸，不太喜歡讀書，只盼著老師多帶他們做活動，唱歌、跳舞是他們的愛好和專長。

學校旁邊有一條清澈急湍的山泉溪流，村人常帶小孩子在那兒洗澡；大操場下方是一條百米寬河床的大溪，枯水期老師們常帶學生去撿鵝卵石做標本，因為沒有升學的壓力，所以師生的教學生活都過得很愉快。

學校沒電燈、也沒宿舍，三位同鄉還沒娶老婆的年輕老師，為了省下路上奔波，常相約留宿學校。下班後，工友先生幫我們料理晚餐，飯後便在偌大的操場上，看夕陽、聽鳥鳴、伴蟲聲，投身在青山綠水中，是人生的一大享受。

夜深沉，露水重，三人相偕進入辦公室，二張辦公桌併在一起、掛上蚊帳，用書本當枕頭，以外套當棉被，就這樣將就一晚。因為昨晚睡得早，半夜二、三點醒了，已經沒睡意，便在「床上」胡思亂想；想白天的教學，想孩子問題，想課餘所看到的報章雜誌……想一些些奇奇怪怪的看法，想一些別人沒寫過的故事，忽然有寫下來的衝動。……於是，我一骨碌的爬起來，打開蓄電池的小燈泡，攤開稿紙開始寫作，一直到天明。一篇教育論述，或一則童話故事，便投入郵筒，去叩報紙、雜誌的門。

四十九年二月應聘進入省立屏師附小，學校裡有宿舍，有伙食團，於是我搬入宿舍，正式定居屏東，成了城市人。

早年的屏東，是半都市半鄉下的城市；走在大街上，看不到幾輛汽車，都是由外國進口的，因為海關加倍抽稅，所以一般人都買不起。摩托車開始在馬路上出現，但是數量不多，因為那時台灣自己還沒製造生產，大多由日本原裝進口，只有一種在「羅馬假期」影片中名噪一時的「斯克達」，是由義大利進口。

我記得很清楚：我進入附小服務不久，我唯一的姊姊出閣，嫁妝中就有部由日本進口、電子啟動的嶄新五十CC的摩托車，時價一萬元新台幣。那時，我的月薪才五百多元，如果當時想擁有一部摩托車，那麼至少要一年半不吃不喝，才能如願。可是，時到今日，我一個月的薪水，就可以買一部同款式的摩托車，而且還有餘錢過生活。由這件事可以給大家一個不小的啟示：社會繁榮，可帶給人們諸多的方便和享受。因此，我們怎能不為社會的永續繁榮而打拚呢？

在小學服務的十年期間（中間二年當兵、二年讀師專），出門都以腳踏車代步，路上除了大車經過的灰塵外，空氣相當清新，從未戴過口罩；如今，走在路上，汽機排放的廢氣，實在令人難受。過去騎腳踏車繞市區一趟，逍遙自在；如今汽機車的橫衝直撞，一出門就心驚膽跳。空閒時，花個一、二十元，市區有屏東、富山、第一、光華、仙宮等五家戲院可以選擇，選一部喜歡的電影，不用二小時就讓你過足癮頭；可是現在，要花上三百多元，帶著零嘴、餐點，在戲院裡猛泡五、六個小時，連看二、三部片子，搞得天昏地暗，才算「值回票價」！啊！我越來越搞不懂這是進步？還是退步？

（節錄自「文化生活」第24期「走過屏東半世紀」90.7）

四十年代的童玩

五十多年前的四〇年代，那時候經濟蕭條，家家戶戶幾乎生活困苦，吃的、穿的都非常匱乏。因此，當時的小孩子差不多都沒有零用錢，只有出遠門的親人回來，或過年時才會有人賞錢。有了零用錢，通常都拿來「祭五臟廟——解饞」，很少拿來買玩具的，即使想買，那時也很少人賣玩具。因此，那時候的玩具，都是父母幫忙，或自己親手製作的，像陀螺、風箏、滾鐵輪子、竹蜻蜓、圓紙牌、酒瓶蓋、玻璃珠、竹水槍、踩空罐等。所以那時候的玩具，幾乎都很粗糙、笨拙，哪像今日的玩具，那麼精緻、華麗、科技化。不過，雖樸拙，但卻很可愛、實用、堅固耐玩，不像現在的玩具，玩後兩下，就不動了，或壞了，實在有夠浪費，也不夠環保。

玩具自己動手做，除了省錢以外，還有一個好處，那就是讓孩子有「做中學、學中做」的機會，養成孩子勤勞的習性，對孩子來說，這幾乎是充滿了挑戰和創意。此外，像「打彈珠」、「玩酒瓶蓋」、「打紙牌」……等，因為這些遊戲需要大伙兒一起玩，同時也需要有一些技巧，才能玩得起勁、贏得勝利。所以，無形中也訓練了孩子的腦力、毅力和矯健的身手，也讓孩子學會了如何和其他孩子和平共處，公平競爭的民主素養。

（節錄自「文化生活」第28期「純樸、可愛、又有趣的童玩、童趣文化」91.4）

先民的智慧諺語

在升旗典禮上，校長氣呼呼地責備學生，不該把好好的飲水機水龍頭、廁所門、新蓋大樓消防水管等公物破壞掉。說到激動處，還破例使用河洛話，說出一句先民的智慧諺語：「歹事做多，會變成雷公仔。」

典禮過後，我問班上的同學，所謂「雷公仔」是什麼意思，絕大多數都是一知半解。其實，我們台灣先民有許多的俗諺，流露著古早生活的體認及待人處事的智慧，句子雖淺俗，但頗耐人尋味。就像「雷公仔」，是指一個人如果無惡不作，終有一天會被雷公收去當兒子，也就是被雷公打死。因為先民們深信「舉頭三尺有神明」、「善有善報，惡有惡報」的道理。像這類頗富哲理的有趣諺語還滿多，特地收集一些目前尚在流行，對青少年比較有幫助者，提供出來，給大家品味。

一、壞心給雷吻

心腸惡毒、壞事做多的人，老天爺看不過去時，會用「雷」來收拾他。當然，收拾的方法不只用「雷」，其他方式也有，只是以「雷」做為象徵。也有人說成：「雷公的點心」。

二、細漢偷針，大漢搶銀行

「細漢」就是小時候；「大漢」是長大。小時候會偷像針線那樣的小東西，長大了很可能就會拿槍搶銀行。這句諺語，是在勉勵大家一旦有小缺點，就要即時改正，否則長大了，會做出傷天害理的事。

三、吃果子拜樹頭

人要懂得飲水思源，知恩圖報，所以吃了香甜的果子，就得感謝樹頭，千萬不可忘恩負義。

四、壞瓜多子，壞人多話

多子的西瓜一定不好吃，相同道理，把話說得天花亂墜的人，也一定不是什麼好人。所以與人相處，不但要聽其言，還要觀其行，才不易受騙。

五、好也一句，壞也一句

同樣一個人說話，有些話會傷人，有些話卻能救人。因此，同樣是說話，為什麼不多說好話，少用話去傷人呢？

六、買屋買屋邊，買田看田邊

有好鄰居可以守望相助；有好田邊灌溉無糾紛。所以買房屋、買田地，不能不慎選鄰人。但更重要的，也別忘了自己先要當別人的芳鄰。

七、過橋比你走路長，吃鹽比你吃米多

本來，人走的路必定比過的橋長；吃的米一定比吃的鹽巴多。現在把話說顛倒了，無非是在強調自己的經驗比別人豐富得多。

八、輸人不輸陣，輸陣壞看面

從前迎神賽會，陣頭都會互別苗頭，所以都使出渾身解數，怕輸了沒面子。其實許多事要適可而止，事情若死要面子，反而會害人不淺。

九、珍珠看做老鼠屎

珍珠和老鼠屎明眼人一看便清楚。可是就是有些外行人硬充內行，將珍貴的珍珠看成老鼠屎。這句諺語是責備人不識貨，眼力差勁。但是如果把老鼠屎卻當做珍珠看待，那就更離譜了。

十、好天要存雨來糧

人若無遠慮，必有近憂。因此平時有儲蓄，有急用時就不必四處借貸。

十一、無魚蝦也好

有總比沒有好，退而求其次，有什麼不好。這是常在電視上看到的諺語，其功能在調適極端的想法。

十二、無牛駛馬

耕田需要牛，但一旦沒牛時，只好用馬來代替。同樣道理，若遇到困難，或碰到緊急時，就得將就一番了。所謂「蜀中無大將，廖化做先鋒。」

十三、第一憨做皇帝；第二憨做阿爸

當皇帝號令天下，好不威風，可是卻無法自由自在，到處被束縛；做阿爸雖無當皇帝的威風，但有為兒女做牛馬的份。如果兒女懂事、孝順，則比當皇帝欣慰，否則當阿爸是天下第一憨。

前些日子，行政院連兼院長在立法院答詢時，曾利用先民的智慧諺語「乞食趕廟公」來回答立委質詢。事後問同學這句諺語的由來及作用在哪兒時，同學們也是一知半解，答不完全。從前農業社會，貧富差距很大，有不少人當乞丐，白天要飯，晚上就住寺廟簷下，住久了，越住越裡頭，最後竟然把顧廟的廟公趕走，自己當起廟公來了。現在的台灣民間社會裡，已經很少有這種事，但是在現實的社會中，卻有很多「反客為主」的人，蠻橫不講理的事發生，所以做人要懂得飲水思源，知恩圖報。

（「六堆」雜誌　第65期　87. 2. 1）

迎向陽光

阿明的鞋子，已經穿了很久了，鞋底下磨破了一個大洞。不下雨的時候，一把把的泥沙，從洞口擠進鞋內，弄得滿腳髒兮兮的；碰到下雨時，走在泥濘的路上，原本沒穿襪子的腳，就像雨伯伯免費贈送阿明一雙泥襪，那種難受的痛楚，每每使阿明心裡渴望著爸媽給他買雙新球鞋。

可是，一想起家裡頭，父母辛苦替人做工，所賺到的錢，除三餐勉強可以解決外，實在再也找不出多餘的錢，來替阿明買雙鞋子。阿明是個很聽話很能體諒父母辛苦的孩子，雖然心裡頭很想有雙新鞋，但是他從沒開口要，因為他怕增加父母的痛苦。

前幾天上體育課，老師把全班分成四組，每人跑五十公尺，舉行各組接力比賽。阿明平時各項運動都很高明，每次運動會都得了不少的獎品，尤其是賽跑，阿明跑得最快。這天，因為阿明的破鞋，實在不利於賽跑，所以跑起來一拐一拐的。老師看到了，以為阿明的腳受了傷，很關心的走到阿明的面前說：「阿明，你的腳怎麼了，是不是受傷了？」阿明即刻低下頭，不好意思據實回答。

老師見阿明不回答，知道其中一定有原因，便蹲下身來，抬起阿明的一隻腳看看，放下後又抬起另一腳瞧瞧，看到一雙鞋子破兩個大洞時，便很慈祥的問阿明說：「為什麼不請父母給你買雙鞋子？」阿明心裡非常難過，不知道要怎樣回答老師的問話才好。眼淚像兩條銀灰色的毛蟲，由眼角慢慢的爬下來。

老師十分同情阿明的遭遇；以前家庭訪問時，他了解阿明的家境很差。最近事情比較忙，找不出適當的時間，再到阿明家去看看，想不到現在阿明家的生活竟比以前更苦了。老師非常後悔！如果早先到阿明家去訪問，那麼就不會問阿明這些話，使阿明這樣難過。

第二天早上，阿明仍舊很早到校，認真的在教室自修。早自修是阿明老早就已經養成的好習慣，因為他不知聽老師說過多少次；早晨，是一天中最好的讀書時間，所以他從不願意輕易的浪費它。不久，老師也進了教室，輕輕的走到阿明身邊，要阿明跟他到老師的宿舍去。

「阿明來！脫下你的鞋子，試試看這雙鞋合不合適？」老師拿了雙新球鞋，走到阿明身邊，蹲下來要阿明試穿。

「老師！我不能要。爸媽會罵我隨便拿人家的東西。」

「傻孩子，你怎能把老師也當成別人家？」老師露出憐惜而欣慰的微笑，接著說：

「快穿上。過幾天，我再告訴你爸媽。」

阿明在老師慈祥關切的督促下，覺得如果不接受老師的一片好意，將會更使老師感到傷心。他只能以感激的眼光，頻頻的注視著蹲在他面前幫他穿鞋的老師，淚水在眼眶中不停的湧出。頓時，他覺得世界上除了父母以外，老師便是他最愛的人了。

走出老師的宿舍，阿明一面看著他腳上的新鞋，一面不停的想：班上阿弘的阿姨，嫁在老師的家鄉，據她回來說：老師的家境也不很寬裕，家裡頭除了年邁的雙親外，加上妻子和兒女五人，全靠他的薪水過活。怪不得老師從不抽煙、喝酒，連一場電影也難得去看，天天省吃儉用的把微薄收入，統統拿回家去。如今，卻為了我的鞋子，用去了他們全家幾乎是一天的飯菜錢。……「啊！不！我不能要老師的……」阿明車轉身想要回老師宿舍時，老師已經走近他身邊，若無其事的說：「阿明，幹嘛又回來？沒忘記什麼吧？」老師一邊說，一邊用右手扶著他的肩膀。接著說：「我們回教室自修去。」

不知上了多少堂課，阿明從來沒像今天這般失常，上課下課全被老師送他的新鞋這件事所佔據。如今，阿明糊裡糊塗的被放學的人潮簇擁出校門。走在路上，阿明為了不使老師送他的新鞋，沾染了一點兒污泥，珍惜的低著頭，抬起腳，一步步的走，唯恐有一點污損了這雙新鞋，便對不起老師似的。忽然間，他看到一張折了四摺，已經是很髒很舊的五十元大鈔。他急忙的放眼掃射四周，附近看不到行人，更不會有失主的蹤影。他便彎下腰，拾起那張鈔票，很為難地拿在手上。一路上，阿明一直想：這五十元的失主不知在哪兒？會不會因為丟了錢，而急得團團轉？這五十元如果真的是我的，那多麼好！我就可以買許許多多我很早就想要的東西，最起碼也不要老師為了買給我新鞋而破費。……

回到家裡，阿明不敢對爸媽直說老師送他新鞋，因為他覺得一旦爸媽知道老師送他新鞋時，在感激老師的恩情下，心裡頭會比阿明更難過。路上拾到五十元的事，阿明更不敢對父母說，因為爸媽常常告誡他，拾到東西要歸還原主，或送交老師招領，千萬不能起貪心。阿明本來很想聽從父母的告誡，把這五十元的鈔票，送還失主，可是失主到哪兒去找？想起老師為了自己的新鞋子，而減少了老師家的一天飯菜錢時，他內心開始痛苦的掙扎。送還失主是不可能了！是送交老師招領呢？還是把這筆錢當作買鞋子的錢，送還老師？整個晚上，阿明都無心讀書，一直被這兩個無法抉擇的問題困擾著，直到上床睡覺時，仍舊沒有想出應該怎麼辦才好。

第二天，阿明早早的便起了床，整夜的失眠，使得他兩眼惺忪，哈欠連連。他一面漱洗，一面想：送給老師招領，不一定就能找到失主，失主也不一定會找到學校。還是不如當著買鞋子的錢，退還老師，這樣一來，老師家的飯菜錢，也就不會短少一天了。

主意既定，阿明草草的吃了些早點，便背了書包迫不及待的往學校走去，連每天必向爸媽道「再見」的習慣也忘了。害得爸媽張著懷疑的眼光，目送著阿明消失在上學的路上。

阿明進了教室，同學們都還沒有來。他覺得如果等老師來時，教室一定會有許多的同學了，這件事如果被同學知道，一定會被同學笑話。所以，放好了書包，便走向老師的宿舍。

老師已經吃了早飯，正在房間裡穿鞋子。阿明輕輕的敲了一下門，叫了一聲「老師」。老師聽清楚了是阿明，便請阿明進來，問阿明有什麼事。

「老師，昨天我回家告訴爸媽，說老師送我一雙新球鞋。爸媽很感激老師的好意，並叫我送來五十元，當作買鞋子的錢。」阿明說完，便雙手送上五十元給老師。

老師看了這五十元，起先不免一愣，後來聽清楚是為了退還買鞋子的錢時，便爽朗的笑出聲來說：「阿明，你既然知道是老師送你的鞋子，為什麼還要還錢給老師？你家的環境不好，老師很了解，說不定這是你父母花幾天辛勞才積蓄下來的工資呢！拿回去給爸媽好買米。」

「不！爸媽說老師每天教書已經很辛苦了，做學生的怎能好意思要老師的東西。老師，還是請您收下來吧！」

「阿明，如果你不拿回去，那麼錢給我，下午放了學，我到你家去一趟，親自交還你父母好了。……」

「不！不！……不要！不要！……」不等老師說完，阿明急得想阻止老師到他家還錢的念頭，但心裡一急，嘴巴便不像平日那麼聽話，結結巴巴地說不出話來。

老師看到阿明從來沒有過這麼驚慌，而且平日口齒伶俐的阿明，卻如此結巴，真是奇怪。他內心裡暗自忖度，這五十元一定有什麼蹊蹺，於是以試探性的口吻問道：「不歡迎老師到你家嗎？」

「不，不是，不是，……」阿明仍舊不能自制。

「叫你自己拿回去，你又不肯；老師親自送到你家，你又不答應。到底是怎麼一回事？」

阿明不知道要怎樣回答才好。他從來沒有這樣的受窘過，也許是心裡做了虧心事吧。

「阿明！老實的告訴老師，這五十元真的是你父母叫你送來還老師的嗎？」阿明無法作答。

「你怎麼不回答？是不是向父母偷拿的？」說到「偷拿」，阿明本能的一直搖頭，因為他一向最恨偷拿人家東西的人。

「不是偷拿的，那是怎麼來的？」這時，老師覺得事態的嚴重，所以在生氣的語氣中，帶有點威嚴。

「是，是……是昨天回家的路上撿到的。……」阿明看見老師生氣了，不得不從實招出來。

「什麼！撿到別人的東西，為什麼不即刻送還給人家，你難道忘了學校的生活公約？」

老師想不到向來被他喜愛的阿明，會這樣的不誠實，所以失望中有點激動。

「老師，我錯了。原諒我，我不是故意不還給失主的。昨天我撿到時，四周沒有人，找不到失主。……」阿明看到老師為了他的不誠實，生這麼大的氣，心裡難過得眼淚簌簌而下，覺得自己實在無臉見人。

「找不到失主，你應該交給學校招領呀！」老師看到阿明認錯了，而且真有悔改的意思，也覺得自己太過嚴厲了，因此口氣較為溫和的說。

「因為撿到的地方離學校很遠，相信不是我們同學或學校老師丟的。我想交給學校招領，不一定失主就能領回。剛好，老師自己破費送我一雙新鞋，我心裡很過意不去，所以才這樣決定。何況，老師的家境也並不太好……」阿明看到老師已經原諒了他，也慢慢的恢復了正常。

「阿明，不要說下去了。老師錯怪你了，你能原諒老師為著你好的苦心嗎？」看到阿明點點頭，老師便接著說：「如果你認為送交學校招領，失主不容易領回，那你可以送交附近的派出所去招領。至於老師的家境好不好，那就要看各人的看法來決定。雖然，我家每天吃的不是大魚大肉，但是我內心卻感到非常的滿足，非常的快樂。阿明，你哪一天看過我為生活愁眉苦臉；表面上看起來，老師的家是貧窮的。可是，我們全家每一個人的心中，卻沒有一點貧窮的感覺。阿明，你要記住。人窮不要緊，可是志不能窮；說實在的，真正的貧窮，不是在表面上物質的貧乏，而是在內心中缺少了奮鬥。……啊！時間已經不早了，你快把這五十元，送去派出所，我到教室去看看同學們早自修。」

阿明輕快的邁開腳步，吹著愉快的口哨，三步併兩步地跑向附近的派出所。他的內心，從沒有像現在這樣充滿了這麼多的陽光！

（發表於「天龍少年半月刊」57.9.15）

第七輯

輔導參訪

國中生可交異性朋友嗎？

同學們自從踏入國中的大門以後，身體一天比一天高大，尤其升上國中二三年級，生理方面也跟著有顯著的變化。例如：聲音變粗了，臉上開始長「青春痘」，大人有的特徵，也慢慢地形成，在在顯示出你不再是小孩子了。

就在這個時候，「異性相吸」的微妙念頭，不知何時偷偷地闖入了你的思想領域。從此以後，在單純的讀書生涯中，多了一份揮不去、趕不走的煩人遐思。男同學看到青年男女出雙入對，心中便呆想：自己如果也有一個如花似玉的女朋友，在課餘之暇，陪伴談天，不知道有多神氣。女同學也開始注意穿著、髮型，準備為「悅已者容」，盼望遇到「白馬王子」。

在家庭中，有兄弟姊妹的同學，對於異性尚不覺得特別，如果家裡只有男孩或女孩的同學，對於異性則愈發感覺神祕，於是便暗暗和異性交往親近。

本來和異性朋友認識或交往，並不是一件甚麼大不了或見不得人的事情，實在可以自動地、大方地、光明正大地和對方來往，就像家庭中的兄弟姊妹相處一樣，彼此研究功課，或是共同參與校際活動，砥礪品德，切磋學問。

但是有不少的同學，一談到和異性交朋友，便敏感地想到男女之間的戀愛，說甚麼「男女之間沒有真正的友誼」，「男女之間的愛情容不下一粒沙子」，給男女之間的來往，穿上了一件既神祕又神聖的外衣，稍有一點兒波折，便弄得「茶不思，飯不想」。像這種和異性朋友的來往，不但害了自己，而且也害了別人。

想交異性朋友的同學，如果一不小心，演變成了「戀愛」，那可就麻煩了。因為想談戀愛的人，必須先要懂得甚麼是「戀愛」，不然那將是悲劇的開演。所謂「戀愛」，就是男女雙方個性相近，興趣相投，而相互喜悅地親近來往，以至於不可分離，最後達到結婚的目的，永久生活在一起。

一個人必須真的長大了，思想成熟了，學業完成了，事業有基礎，才合適找對象談戀愛。假使只想和異性接近，填補生活上的空虛，或者只是好玩，求得一時感覺上的快樂，這就等於玩火焚身，也污辱了愛情的神聖。規規矩矩的青少年，是不屑去做的。

十四五歲的青少年學生，對於男女的認識，只不過是人生的萌芽期，對於感情生活的閱歷，非常淺薄，所以不適合交異性朋友。國中時期，是迎接人生一連串聯考的開始，如果這個時期在學業上沒有打好穩固的基礎，往後的人生歷程將是坎坷難行的。因此，筆者奉勸各位同學，快定下心來，努力向學，培養實力，迎接聯考挑戰，才是當今要務，壓根兒無須管他甚麼「異性朋友」。

（國語日報「少年」版 70.12.28）

如何與父母相處？

最近我班上有兩位同學，因為受不了父母權威性的嚴格管教方式，而負氣離家出走。不但自己餐風露宿，受盡折磨，吃盡苦頭，而且也連累了家人、親友、學校的老師，害得他們焦急萬分，日夜尋找，疲憊不堪。這件出走事件之所以會發生，完全是因為子女與父母間，相處不甚和諧所造成。因此，青少年要如何與父母相處，實在是當前重要的課題。那麼青少年要持什麼樣的態度和做法，才能跟父母相處得融洽，才算是一個現階段孝順的子女呢？

(1)多體諒父母：現階段做子女的，不曉得體諒父母的辛勞，正像父母有時候會忘了子女已經長大，需要受重視一樣；因此，做子女的，應當時時去關懷父母的起居，體諒父母的辛苦，遇有重要的問題，應該和他們討論，並徵求他們的意見。父母會因為你尊重他們的地位，而對你滋生感謝欣慰之意，從而助長你們彼此間的了解。你要時時提醒自己：父母也是人，他們有好惡、有得意和失意的日子，也有苦惱和難過的時候。如果你能適時體察到，並體諒、安慰他們，那麼他們會愈發覺得你長大了，懂事了，心中而感到無上的安慰。

(2)能擔負責任：在這個世界上，權利往往是伴隨著責任的。假使你想要你的父母，待你像一個年輕的大人，而不以小孩子待你的話，那麼你必須對他們顯示出你也能夠擔負起責任。例如：你懂得自己用功，無需父母經常督促；起居生活自己會照顧自己，不必父母時時費心；課餘會自動幫助家事或協助家計，替父母分勞。而且不隨便外出結交不良朋友，或玩不正當的娛樂，讓父母對你放一百個心。更高興的，如果你經常去做些父母期待你去做的事，那更能使他們明瞭你已經成人到什麼程度了。

(3)肯注意協調：任何人假使能與人合作協調，都可以和別人相處得更好。例如：上一代的父母，想法也許會和年輕一代的你有些差距，但是千萬不可以認為這是兩代之間不可能協調的「代溝」。要知道，你的父母也年輕過，也經過像你現在的想法、做法，所不同的是他們經過長時間的磨鍊後，已經懂得取捨，哪些事可以做，哪些事不可做。可做的父母會鼓勵你去做，不可做的他們會提醒你、叮嚀你。因此，做子女的不要嫌父母嘮叨囉嗦，凡事要常和父母取得協調。能如此，相信子女與父母之間，只有和諧，而沒有衝突了。

不可否認的，一個人終究會長大，長大的過程中，難免多少會有反抗的行為出現。因此，你在成熟之前，對於父母的權威，應該會有許許多多的適度反對，這乃是每一個人所必須經過的歷程。但是，一個聰明人的成熟，在反對的型態上，用不著先是一個情緒化的爆炸，接著又是另一個走極端的對立的火爆反叛，因為這會造成雙方，甚至於太多人的傷害。同學們！你必須深切的體認：成年人的權利和責任，不會是突然在一夜之間成為你的財產，你必須逐漸的、和諧的取得它們，並顯示出你具有使用及完成它們的最佳能力。到那時候，你將成為不折不扣的成熟的人了，父母與子女之間的相處，也將是和諧融洽了，聰明的，你認為對嗎？

（「正中少年」期刊　70.6.20）

巫山雲、大千筆、古松詩

八十六年四月二十三日筆者應教育廳主辦之中等教師研習會的邀請，到桃園市八德國中擔任輔導教學演示講座。所擔綱的課程是國文科作文教學，主要內容是和國文科的老師們切磋怎樣教學生寫新詩，進而也激勵老師們自己當場來個新詩的「即興創作」。

全縣參與研習的國文老師有八十多位，據課前調查，會教詩、寫詩的老師不到二成。為了提高參與老師的興趣及信心，我特地從日常生活中常用的物品，一樣樣拿來作為寫作新詩的素材，當場教學演示給老師們觀摩分享，在分享之餘，很自然的老師自己也會「心動」、「手癢」地寫起詩來，不管是成熟的、鮮嫩的；好的、差點的詩作，每個人幾乎詩情洋溢、詩興大發，詩作像雪片滿堂飛舞，人人都覺得很有成就感，大家好像都作了一個美妙的「詩人夢」。例如石門國中林修菁老師的「研習有感」是這樣寫的：

這是一場豐富的筵席

菜單中
有萬巒豬腳
有燒馬蛋
有鳳梨、楊桃、香蕉和榴槤

※　※　※

這是一次愉快的旅行
行程中
吹風
看星
撿貝殼

※　※　※

吃飽了
玩累了
睡著了
夢裡
我竟成為一個詩人

研習的會場佈置得琳瑯滿目、美輪美奐，很有寫詩的情境。其中最搶眼奪目的要算「盆景古松」，這是八德國中有位愛好園藝的老師的精心傑作。整個會場四周、中間走道，以及講桌上，都擺滿了古意盎然的不老仙——古松。從報到開始，古松就跟著老師們一起作息，陪著老師們一起研習，相知相惜，亦步亦趨似的，大家觀察入微，體會很深。因此，在大家的詩情最高昂、詩感最敏銳時，我宣佈「盆景古松」為大家的共同詩題，每人至少要創作一首，來檢驗自己的寫作功力，進而相互觀摩。

當這道功課一出，盆景古松頓時成了全場焦點。有的近看，有的遠眺；有的沉思，有的趨前撫摸；更有的圍著盆景打轉，就像欣賞一座寶物。過了一會兒，我問老師們：要從哪條思路切入？從什麼地方著力？大家看起來像胸有成竹，但又像心存迷惘的在用力思索。我輕輕地走近盆景，很詩性的提醒他們：可從漂亮的造型顏色、古意盎然的名稱、古松的特色、生長的故鄉、令人遐思的故事、與古人的典故，以及培養古松、擺飾盆景的功用等等，在在都可以切入，處處都可以著力。這時候，大家幾乎找到門路似的，低著頭、抿著嘴巴振筆疾書了。過一會兒，一張張的詩作送上來，沒多久便積了一大疊。今選錄幾首，以饗讀者。

遠遠看，

是個十七、八歲的青年；
近近瞧，
原來是個滿臉翦鬚，
不向歲月屈服的——
不老仙。（大坡國中　呂育芳）

是哪個仙風道骨的畫家？
揮灑出你那——
古意盎然的風姿，
好似
一幅案頭的山水。（建國國中　游淑媛）

我偷了巫山的雲，
我用了大千的筆；
將洪荒歲月，
入畫成古松，

昂然傲視人群。（南崁國中　吳美玲）

你說你的堅韌出自樸拙，
堅毅的容顏是歲月的化身。
你說你曾流連黃公望的山水，
不露鋒芒的身軀隱於山岫煙嵐。
是老子的哲學，
換得你與天地的亙古相對？（大溪國中　李梅蘭）

堅毅　是我的名字；
翠綠　是我一生想說的話。
問我：
為何不啜飲山泉？
為何不鼎立天地間？
只因不忍——
孤芳自賞！（新坡國中　江秀琴）

是誰的青絲高聳　如雲？
是誰的體態窈窕　娉婷？
那年代久遠的青衣女子，
化成古松。
舉手投足，
姿態笑意盈盈。（新屋國中　許惠耳）

雖然不是屹立在棲蘭山上，
但是也有點古色青蔥。
雖然沒有玉樹臨風的氣勢，
但是也有份松意詩情。
含蓄的你，
是大夥兒的設計師。（大溪國中　莊光明）

我這一生一世的心願是——
抓住一種永恆的美。

幾番思量，
我選擇做一棵古松。

※ ※ ※

用我一生一世的精力，
長成這般優雅的姿勢。
雖無法重來，
卻已心滿意足。（瑞原國中 黃亦珉）

「我這一生一世的心願是——抓住一種永恆的美。」多美的人生！相信也是大家所追求的。在研習會上，我告訴與會的老師們：一首詩之所以好，是要含蓄，不必明寫；多一些象徵，少一點直陳；可以影射、暗喻的，便不必點出。這樣才能讓人百讀不厭，讀後才有「餘味留齒香」的感覺。由以上的幾首來看，不僅老師們寫出了好詩的要件，而且表現得非常突出，很值得披露出來供大家欣賞。

一般人都認為新詩是個很抽象、很難懂的文學，所以很多人都不敢碰它、寫它。難怪，有八成多的國中國文老師們就有這種心態：總以為自己欠缺教詩、寫詩的天賦。其實不然，我一直認為：孩子本身就是一首詩，大人的腦袋就是一座詩礦，只要善加引導、開採，一首首美麗的詩篇，必然會閃亮人間。這一群國文老師不就是最好的人證？龍岡國中劉用瑞老師另一首創作「黑珍珠」，是最好的詩證：

屏東來的林老師
高大黝黑
還有個蓮霧大鼻子
滿心靈思
喚醒了我們的詩魂

※　※　※

就像酣飲了
南台灣山風海水的蓮霧
多汁甘美
我們叫他——
黑珍珠

（「六堆」雜誌　第63期　86.10.1）

參觀台南美國學校有感

前年，我就讀台南師專時，實習參觀課中，應屆畢業的五班同學，排了一天參觀設在台南市郊的美國學校。此事雖已過了兩年，但有許多人和物，事和情，在我心中彌久難忘。尤其最近，同事中有位責任心過強的老師，因用教鞭逼學生完成繁重的作業，害得學生不敢上學的事發生以後，更使我懷念起台南的美國學校。

台南美國學校是一所從小學到高中體制完整的學校，校地寬敞，環境幽雅，凡是沒有建築物的地上，都鋪上了綠油油的草皮。每間教室，陽光充足，空氣流暢。小學部每間教室，四周都擺滿了教具、學生的作品，以及適合該年級的兒童恩物。每班人數，都是二十五名左右。

上課時，老師大部分的時間，都被圍在中間，一面講解，一面參與兒童的活動，採取個別引導的方式，解決學童的疑難。偶然，遇到大部分的學生都有同樣的疑難時，才離開人群，走到黑板邊，作共同性的講解或討論。那種融洽和諧的氣氛，就如同生活在美滿快樂的大家庭中。

下課時，如果有大部分的學生，要求老師參與團體性的活動，那麼老師便會樂意的摒擋一切瑣事，領著兒童到操場作各種活動。記得，那天，五年級有一位紅光滿面，大腹便便的男老師，下了算術課，便從教室裡一人拿一個壘球手套或球或棒子，走向操場的南方角，分成兩隊，舉行壘球比賽。當時，我們這一群已當過人師好幾年的旁觀者，看到這一幅師生同樂的鏡頭，內心不知有多少的感慨，感慨過去我們為甚麼要高高在上，道貌岸然的把學童拒於千里之外？尤其目睹那位男老師，跑起路來全身肌肉都會跳舞的臃腫身軀，玩得已是汗流浹背，可是卻看不出有一點兒厭煩的表情，更讓我們感到慚愧。

最使我佩服得五體投地的要算兩件犯錯學童的處理。台南美國學校的學生，是以招收美軍來台的子女為主，加上少許的軍界外的美國駐台人員的子女，以及歸國華僑的子弟所組成，所以，紅黃黑白各色人種都有。我們參觀的同學中，有許多對那些永久長不長而又蜷曲的黑人頭髮大感興趣。下課休息時間，有些同學在和他們玩耍時，情不自禁的摸了摸黑人學生的鬈髮。這些小黑人，經過這樣一撫摸，無形中彼此間便縮短了距離。於是，有的攀在我們參觀客人的肘上，吊在肩上，或騎在背上。這些，我們都認為很自然很平常的事，也是主客感情融洽的好現象。哪知，被一位大約五十幾歲的女教師發現了這情形，她輕輕的走近一個大約七、八歲正在攀爬的一位黑人學童身邊，臉只微微一沉，手一比畫，那個黑人學童便低下頭，乖乖地跟在女教師的後頭，到人少的樹蔭下去，因為距離太遠，聽不清那位女老師說了些甚麼，不到兩分鐘，那位黑人孩童便規規矩矩的回到教室靜坐。

不一會兒，上課的鈴聲響了，散在操場各處的學生，又迅速的跑回教室門口集合。我看的這班，剛好有兩個歸隊較遲了些，級任是華僑女教師（後來得知的），便把這兩個八、九歲大的男孩子，叫到排頭去問原因。這兩個孩子好像非常痛悔似的眼淚簌簌而下，教師似乎也心疼得頻頻輕拍孩子的肩胛，慈祥的讓他們歸位。

從書報上，在電影裡，我一向認為美國人的生活是活潑、愛動、愛鬧、不拘小節的，想不到有這嚴肅得體的一面。如果換上了我們，不是不聞不問，便是大庭廣眾下說說了事，再不然便是大聲指責，或拳頭教鞭齊下，得一時的效果，卻加強了孩童受辱的韌性。

在美國學校參觀了一天，除了上面兩件事外，我再也找不到一張愁眉苦臉的面孔。如果在台灣目前找不到一所真正使兒童嚮往的學校，最起碼這是一所沒有升學壓力，教鞭恐嚇，處處以愛施教的兒童樂園。

（國語日報「國民教育」版 第812期 56.9.26）

使不可能變成可能

這是國文科巡迴輔導的第二天。我和黎亮、利紅來到南台灣檳榔、椰林處處的佳冬，所看到的大人和小孩，都是一張張憨厚而親切的臉。我們三人頓時覺得這將是愉快、豐收的一天。

鄉下的孩子，上起課來不像都市中的那麼活潑。當老師介紹一些新奇的事物時，那一對對好奇的眼光，都盯著老師看，逼得老師欲罷不能。難怪陳幸蕙在〈結善緣〉一文中指出：每一次的師生一場，都是人間芬芳善緣的締結。在這兒又一次得到印證。

看完一節吳老師賣力的示範教學後，我覺得偏遠地區任教老師的敬業精神，著實令人敬佩。

在檢討會上，教學上的疑難雜症紛紛出籠。我們三個輔導員，以多年的教學經驗，大都能對症下藥，藥到「疑」除。唯獨有一個較年長的羅老師，很不以為然的站起來說：「在常態分班下，兩極化程度的學生普遍存在。好的雖然不少，但是差的連字都不會寫，音標也不會念的比比皆是。如此差勁的學生，叫我們怎麼教呢？」

這種問題不僅發生在佳冬國中，其他學校也經常見到。黎亮對這類狀況較有經驗，所以他首先站起來現身說法；利紅全身都散發著母愛，她也把照顧低成就學生的經驗全盤托出。但是這個男老師始終認為那是高調，在實際教學上誠屬不可能。

我看到這種情景，既然「人」力無法開導，只好借助「神」力了。於是我站起來說：「我年輕氣盛時，認為把每一個學生教好，是當老師的責任，所以不眠不休，全力以赴，弄得筋疲力竭，但所得到的結果，卻令我失望。尤其是那些經常考個位數的學生，更令我生氣。每當氣不過時，我會安慰自己：何必呢？別人的孩子！想歸想，一站在講台上，接觸到他們，我哪能放心呢？於是挫折感始終和我常相左右。」

「後來年歲漸長，開始涉獵佛理及禪學，慢慢的就把教孩子努力向學，當成我自己學佛歷程中的一種功課。說白一點，就是把孩子教好、教會，是做善事，積陰德。從此，我對幾近『零成就』的孩子，也就不再那麼頭疼了；對中下程度的學生，也不輕易割捨。我告訴自己：盡心盡力，能拉拔多少就算多少。這一股多拉拔孩子的『發心』，但願有像羅老師一樣苦惱的同仁試試看。」

羅老師這時候低著頭沉思，似乎不像先前那麼「硬頸」（客家人的特徵）了。

看看時間，差一刻鐘便是中午了，大家注視著再一年即將退休的謝校長。校長本來在閉目養神，此時不知哪兒來的靈感，居然站起來說了兩則發人深省的話。

「我認為教學好像是一場拔河比賽，師生各站一邊。老師想把學生教好，所以拚命的想拉過來；學生貪玩，所以也想盡辦法要把老師拉過去。因此，當老師的如果不在教材上多用點心，在教學上不多盡一些力，那麼很有可能就被學生拉過去了。那時候，做老師的不就是有愧職責，誤人子弟了嗎？」

「前年暑假，我趁著身體尚稱硬朗，兩腿還能走，和老伴去一趟日本。途中，要爬一百六十多階上去參觀神社。大伙兒爬了六十幾階後，停下來休息一下。我往上一看，天哪！神社好像天一般高，已經隱隱作痛的關節，似乎在警告我不能再爬了。所以我放棄一睹神社風采的企圖心，坐在小亭子裡休息。」

「不一會兒，腳底下又有一行人爬上來，遠遠傳來導遊小姐用日本話向團員解說的聲音。小時候我讀過日本書，懂日本話，那個導遊小姐的嘴巴很甜，說的話很動聽。她邊爬邊解說神社的動人故事，以及周邊的幽美風景，我的耳朵自然而然的豎了起來，隱隱作痛的雙腿也似乎不痛了，亦步亦趨的跟著導遊小姐往上爬。就這樣，我終於爬上了神社，親眼目睹神社的風采。請各位老師想一想：這究竟是什麼力量，使不可能變成可能？我們當老師的，如果在教學時，也能像導遊小姐一樣吸引孩子，我相信大家認為不可能教的學生，一樣有可能教好。」

謝校長的話不停的在耳邊迴響，與會的教師臉上泛出了笑意，我覺得心裡有滿滿的收穫。

（國語日報「國民教育」版 83. 7. 19）

他山之石可以攻錯？

先哲有云：「行萬里路，勝讀萬卷書。」過去我一直懷疑行萬里路，真的能勝讀萬卷書？因為從小愛看書的我，始終不相信走萬里路就能取代讀萬卷書的價值。真沒想到，這一次隨團到日本考察、參訪日本的教育制度及教學輔導的情形後，過去的懷疑，已有了些鬆動，因為我深深的發覺到「他山之石」，真的「可以攻錯」。

考察團這次到日本考察，共安排了福岡市一所、廣島二所、大阪二所等五所中等學校，並到東京參訪國立教育研究所，其目的是想提升國中輔導員教學方法及技巧，增進國中教師班級經營知能，觀摩他國教育輔導員的角色與任務，進而考察日本中學教育目標（重視個別差異，培養自主性，與人性尊嚴的世界公民）是如何達成的？

這一趟為期兩週的參訪過後，筆者覺得日本的教育制度、教育經營及教育理念，有很多值得我們學習借鏡的地方。願不揣譾陋，簡單扼要的提出來，供國內的教育當局及教育先進們參考。

⑴小校小班：這五所中學校，都設在市區中心，最大的才十八班，最小的只有十班；每班人數不超過四十人，通常在三十人上下。小校小班好處多多，學生可以被照顧得無微不至。像筆者服務的學校，全校七、八十班，每班人數至少四十個人，多者高達四十五、六人。早會升旗典禮要分年級舉行；週會等集會，大禮堂容不下全校師生；戶外教學時，一個年級的遊覽車近三十輛，車隊延綿數公里。一班學生四十幾人，改起週記、作文、考卷，真是一個頭兩個大，要求老師重視個別差異輔導，那簡直是緣木求魚。

⑵學校不蓋在大馬路邊：這五所學校雖然建在大都會的市區中心，但是校舍卻蓋在住宅區中的巷子裡頭，不但減少了不少噪音，而且學生上下學的交通安全維護，也就容易太多了。

⑶脫鞋文化：我不知道是不是全日本的學校，都一致採行脫鞋上課，起碼我所參訪過的五所學校，都是進入學校玄關時，就必須脫下皮鞋或運動鞋，換穿拖鞋。這種脫鞋文化，是否造就了大多數日本學生的文靜少野性，穩重少浮躁，愛整潔少髒亂的民族性？值得探討。也許有人會說，台灣的氣候、國情與日本不同，不適合脫鞋上課。可是，請問：台灣現在的家庭，進屋裡之前，有幾家不脫鞋子的？

⑷馬路上看不到青年學子遊盪：在日本參觀遊覽了十幾天，除了在名勝地區可以發現服裝整齊，隊伍有序的學生外，課餘、假日幾乎看不到有青少年在馬路上遊盪，飆車、滋

事的根本不曾發現，這一點真令我百思不解。

(5)學生在校時間短：日本的學生七點半後，才陸陸續續的到學校；台灣的學生還未到七點，便陸續的到了學校。下午，日本的學生三點半後，可陸續的返家；而台灣學生卻要熬到五點半後才能離校。本來冀望新課程標準實施後，可精簡一點時間，讓學生在校時間縮短些，可是「上有政策，下有對策。」在校時間仍然沒任何改善。

(6)辦學誠誠懇懇：以台灣的物價指數與生活水準來作基準，日本教師的待遇和台灣來比較，可以說相差無幾，但是日本教師的敬業精神，卻普遍超過台灣的老師。看到他們誠誠懇懇的辦學，認認真真的上課，內心便有無限的感佩，因此，國內的老師們實在要多多自我努力了。

作家畢璞在〈第一次真好〉的文章中，有一句話：「生命中的第一次越多，生命也就越多彩多姿。」這句話從我日本考察回來以後，越發讓我覺得一點兒也不假。第一次公費出國，第一次去日本，第一次看到人家走在路上是那麼規規矩矩，第一次看到別人的公共工程是那麼的牢牢固固，第一次和外國人坐下來談論教育，忽然發現人家辦教育是那麼踏實而不躁進，很值得國人學習。……數不清的第一次，是書本看不到、學不到的，這一趟不但使我的生命更多彩多姿，而更讓我的人生，更充實、更有自信的為我們的教育再出發、再衝刺。同時更期盼國內的教育，不但能自我惕勵改革，而且也能藉著他山之石，提升更完美的教育品質。

（節錄自「六堆」雜誌 第88／89期 87年8／10月1日 原作長達萬餘言）

第八輯

採訪報導

問題學生被二振出局多成「流浪兒」

前些日子，市區某國中把實質上應該讀高二，而目前還留在國中就讀，在管教上頗為「燙手」的學生，勒令轉回他原戶籍的鄉下某國中，造成兩所國中的校長、訓導人員大踢「皮球戰」。

市區國中說：這個學生戶籍原來就在鄉下，三年前他桌球很有天份，為達成「適性」的教育目標，借將到市區就讀。也就是因為打球，而耽誤了學業、品行的調適。如今，居然「男」大不中留，「被」送回到戶籍所在國中。依據國中入學、轉學辦法，鄉下國中不能拒絕。

這所鄉下國中不以為然的說：「這個學生的戶籍，雖然是在本校學區內，可是當年『年輕』的時候，如果不被『借走』，好歹老早已經畢業了，絕不會留到現在變成燙手的『訓導山芋』。」

「何況，學生一直在市區就讀，市區國中有責任給予好好調教，按規定給予升級、畢業。但該校卻不循這條途徑，如今卻把自己疏於調教的『訓導殺手』丟還我們，為了學校的安寧，我們能接受嗎？」

由這件案例來看，充分暴露了國中訓導管理上，及國中學生獎懲辦法的不當與缺失。根據國中學生獎懲辦法第十三條第十一款規定：學生在校屢犯嚴重過失，得留校察勘或停學（即家長帶回家管教）兩週。

在留校察勘或復學後，若故態復萌，又犯校規，則可要他「自行改變環境」或勒令轉學；無法轉學者，則報請教育主管機關另案分發。

轉學後，又忽視校規如前，或在校外犯重大刑案者，均予「退學」處分。

這則「國中學生獎懲辦法」，乍看之下，國中學生既然可以記過、留校察勘、家長帶回管教、令其自行改變環境、勒令轉學，甚至還可以退學等處分，訓導管理工作理應很容易展開才對，但事實上卻不是那一回事。

例如潮州國中班級數多，包容力大，而且學校的歷史輝煌，少部分問題嚴重，不足搖其本。所以當鄰近的光春國中有難調教的學生時，潮州國中予以收容。但是一旦潮州國中有了問題學生想請光春接納時，光春卻給予婉拒。

縣內的私立中學，外縣市的私立道明、黎明中學等，每年從國小畢業生中，拉走了不少優秀的學生，使各國中頻頻減班。因為私立學校重視升學、功課逼得很緊，往往造成不少適應不了的問題學生。

況且私校辦學的態度是選擇性，而不帶義務性，為了自身的生存，常常把問題學生一腳踢回原戶籍的國中。

而平時被私中傷害，造成招生不足的國中，便振振有詞的說道：「你們把好學生教壞了，才踢回來，我們不收。」幾年前曾有一位被某私立中學容不下的學生，被勒令轉回原戶籍國中，但被拒絕，學生家長便透過議員請教育局出面，結果該校主事者當著督學的面說：「我們收可以，但是將來這個學生出了事、殺了人，督學大人敢不敢負責？」

國中學生成績考查辦法第五十九條：學生曠課累計達四週者，視為自動離校，成績不予考察。

市區某國中，校長曾經為了糾正學生愛缺課的陋習，在朝會上公開條文，並宣布嚴厲執行，結果有十幾位勒令「離校」，其中還有剩下幾個月就畢業的學生，害得市區各國中不知如何應付，只得忙舉「擋箭牌」。

一個不良青少年的產生，最大的關鍵在家庭；如果家教良好，絕難造成行為怪異的青少年。

自從六十六年五月教育部修訂公布國中學生獎懲辦法以來，有許多國中想喚醒問題青少年的家長，也能盡一些管教的責任，所以常實施「家長帶回家管教」的處分方式。但實施結果，效果不彰，反而兩週後返校，「道行」更深。這是因為家長本身不是為三餐忙，便是管教方法一竅不通。

只是國中階段的休學，家長往往念其弱小，大多數家長都捨不得讓孩子吃苦，這便足以害了孩子。

（屏東週刊　73.4.8）

國語文競賽市區中學老師罷參加的主因

十月二十二日各報紙屏東版，刊登消息說：屏東市中學教師不捧場，國語文競賽黯然失色。

縣政府教育局在新聞中表示：屏東市各中等學校多年來，一直沒有推派教師參加國語競賽，頗令主辦複賽的教育局傷透腦筋，為什麼人才濟濟的屏東市各國中、高中職，沒有一校肯願意捧場？反而離島的琉球，和偏遠的鄉下國中，非常熱衷這項有益於充實自己的學識，又對教學有幫助的國語文競賽。

所謂「冰凍三尺，非一日之寒」；市區國中、高中職的老師，所以對國語文競賽興趣缺缺，一定有它的原因。據我所知，至少有下列幾項使人不願參加的原因。

⑴缺課要補課：依據教育部頒布的教師差假辦法規定，公差假可以請人代課，並由學校支付鐘點費。可是唯獨屏東縣因窮而不准。缺了課，比賽完畢要返校補課。況且，目前

升學競爭劇烈，從早到晚課都排滿了，即使想補課，幾乎找不出空堂來補，所以索性不參加，免得缺課。

(2)只盡義務，沒權利可享：每年的國語文競賽屏東縣複賽，都在屏東市區舉行。依教職員差假辦法，同鄉鎮市區因公出差，不得報領出差費。換句話說，市區教師參加競爭，經過了半天的嘔心絞腦以後，分文得不到，回去還補課。但是其他鄉鎮來的與賽者，都可領到幾百元，甚至上千元的差旅費，其中，有不少的家住在屏東市。因此，服務於偏遠鄉下或離島的老師，為什麼會比市區老師熱衷，明眼人不看也會明白的。

(3)辦法欠妥，作法荒謬：比賽辦法中，有許多不合情理的規定，與賽者雖屢次建議改善，但始終不見改進。如作文比賽，嚴格規定使用毛筆書寫，這怎能真正比出與賽者的寫作能力；作文題目，幾乎年年出些與比賽者身份不合的內容。如今年中學教師組的題目，竟然出解除戒嚴、黨禁的相關題目。更荒謬的，不知道是命題人員有意把老師當成「飽學之士」，還是有心整整老師？竟然把文句艱深，文字偏澀難見的千年「古文」，作為朗讀比賽的內容，結果連讀國文研究所的同事，臨時硬被抓公差的黃老師，從上台臉紅到下台，當時恨不得有地洞可鑽，何況台下還有自己的學生，真是丟人現眼。

(4)缺乏激勵作用：市區中學教師，服務地點已安定，又無國小老師爭取記功升主任、校長的慾望。一張獎狀對他們來說，不如換一瓶啤酒或兩條毛巾來得實惠。所以教育當局，一日不設法激勵市區中學教師的意願，那麼拒絕參加國語競爭的連續劇，仍然會繼續演下去。

（屏東週刊 75.11.23）

借書人應懂得惜書 惜書人才夠格借書

看看借書證，已經有半年多沒去中正圖書館借書了。加上讀小學四年級的孩子，吵著要去辦借書證，於是趁著參加選務工作補假的機會，帶著孩子上闊別已久的「圖書館」敘敘舊。

辦好了借書證，上了三樓，雄偉的建築依舊，冷氣依然清涼，可是書櫃上的書籍，卻面目全非；一本本黃中帶黑的圖書，零亂的橫七豎八的躺在書架上，好像不停的在向我這位老朋友訴說：這幾個月來，他不被借書人尊重、愛惜；也沒有受到館務人員的禮遇、保養，已經到了風燭殘年，頻臨「報廢」的地步。

走出「成人圖書室」，再到同樓隔壁的「青少年圖書室」，所看到的情景，更是「髒」不忍睹；除了幾本大部頭不准外借的圖書以外，幾乎沒有一本是完好無缺，拿在手上，還可聞到原有書香味的書籍，也不多見。如果和台灣銀行回收而準備焚毀的舊鈔票相比，可以說是不相上下，不分軒輊了。

歸途中，有許多疑團，令我百思不得其解：

⑴如果我記得不錯，從七十三年教師節揭幕以來，館齡還不到兩年，館內的藏書，大部分已屆「不堪閱讀」的地步，在有限的買書經費下，藏書何時才能步上規模？實在令人擔憂。

⑵會自動上館的「借書人」，應該可算是「愛書人」。但是從書卡上的簽名看來，一本書只經過幾個人的手，為什麼會這麼髒？為什麼會如此破舊？「借書人」該好好深思面壁了。

⑶館務人員除了負責登記借還書的工作外，不知道館方有沒有賦予「保固養護」的職責？如果沒有，今後是否可以加上這一條？因為我進過而又上軌道的圖書館，沒有不是這樣的。遠的、大的館不談，就近舉屏師附小的圖書館作比較，中正圖書館的工作人員，實在該感到汗顏了。

（屏東週刊 75.7.6）

個子小・點子多，從小就是小精靈

中正藍聖星免試升南中

從小就有「小精靈」雅號，目前就讀中正國中三年一班的藍聖星同學，參加數學及自然學科資賦優異學生輔導升學保送甄試，連闖四關後，終於被教育部核准：保送台南一中就讀。

藍聖星是中正國中三代單傳的保送生。第一代林文川，保送雄中，是任教大仁藥專林肇藏的大兒子；第二代施百俊，也是保送雄中，是現任屏東縣長施孟雄的大兒子。

藍同學小學一年級時，因不滿六歲，提早就讀中正國小，二年級時利用他父親任教屏東師專之機會，轉入屏師附小，剛好當時附小成立「資賦優異班」，即被選為「資優生」。

讀完了三年級課程後，因為學習能力高強，而跳級進了五年級就讀。是年暑假，他首次參加南區少年科學營活動，以小學三年級的程度，竟然得到總成績第一名。

升入五年級後，參加初小地球科學組科學展覽，獲得全縣第一名，全國佳作。

六年級時，他迷上了電腦，幾乎到了廢寢忘食的境界。而且還拿出自己多年的儲蓄，和同學江孟峰、李增奎等，合編《電腦週刊》，自命不凡的自任編輯、主編，整整出刊一年，轟動全校，頗受師生好評。

進入中正國中後，為了中小學資優教育的薪火相傳，中正國中因而也奉命成立了「分散式資優班」，繼續接受啟發與創造性教育。

據三年一班導師蕭金榮老師說：藍聖星在班上，可以說是個子最小，年齡最輕的一個，但是「點子」卻最多。同學們都說他，三年國中下來，身體沒長高，腦子卻長了不少。

每次考試，一張需要五十分鐘的考卷，他卻只花二十分鐘，唏哩嘩啦地寫一寫，不是提早繳卷，就是把試卷翻過來放好後，玩他的「小點子」等下課。

老實說，藍聖星不是考試的料子，因為他不像一般乖孩子，能耐著性子一筆一劃的作答。但是，他的頭腦卻非常靈活，經常有「妙問」，使老師「傷腦筋」。

在屏東師專教美術的藍奉忠老師，也就是聖星的父親告訴筆者說：聖星在家是老二，從小都是「人小鬼大」，整個屋子，都是他無師自通，亂捏亂湊的科學玩具。

他祖父住在佳冬昌隆鄉下，每次全家回故鄉省親時，常常有一大群的玩伴，比他大的，小的都有。

（屏東週刊 75. 5. 5）

公僕不擺晚娘臉孔 民眾才會有向心力

做一個現代國民，如果能不和地方機關打交道，那將是賞心悅目的事。可是很不幸的，只要是成了家，而且又當了一家之主時，和「公僕」的關係，從此就沒完沒了。

家裡有了汽、機車，監理站你得一年跑好幾趟，看到櫃枱前的人山人海，萬頭鑽動，和櫃枱後的「晚娘」臉孔，十幾個關卡，弄得眼花撩亂，你或許會寧可花錢請「黃牛」代辦，也不願意擠「沙丁魚」，受窩囊氣。

存了一些錢，想擁有一間自己的窩時，貸款、買地、蓋房子的事，都非得跑銀行、地政事務所、建設局和戶政事務所，如果每一個機關只跑一、二趟，便可了事還好，但是常常事與願違，弄得你心身疲憊，因此只好花錢請和「公僕」關係密切的土地代書出面代勞了。

筆者有個朋友，住在廣東路附近，緊接第三水源段市地重劃區，原來蓋的房子，因為孩子一個個都長大了，所以房間不夠用，便想在後面的空地上，十二米計畫道路邊增建樓房。半年多前，就請建築師畫設計圖，也跑遍了各有關機關，結果到現在，建築師仍然不敢下筆，因為建築線始終沒辦法決定。查其原因，目前屏東市區的中心樁問題重重，航測圖和實際的中心點有出入，「地官」們，怕弄錯了連累自己，便樂得工作「停擺」，一切責任推給上級——「住都局」去傷腦筋，那位朋友也只能徒呼奈何。

最近，戶政事務所正在換發國民身份證，戶政人員除了例行的事務外，還加上如此繁重的換證工作，實在令人同情感佩。可是，美中不足的，換發通知單上，忘了交代六十年出生的，可以一併申請新證，害我在上班時間，足足跑了三趟事務所，找到承辦人，才補辦完畢。

從以上的事例來看，和廣大民眾直接接觸的地方「公僕」們，是政府與民間溝通的第一線，所以在從事公務時，如果事前能做週詳的計畫，公務處理時，能以誠懇負責的態度，多體恤民眾的困難，能方便的儘量給予方便，一次不能辦成時，該辦的手續，應詳細說明清楚，千萬別讓「主人」多跑冤枉路。假使每一位「公僕」都能如此盡心盡力，那真是功德無量，屆時民眾對政府的向心力，將可大大的增強。

（屏東週刊　75.6.8）

為子表率

看到「屏東週刊」三一二期第八版，怵目驚心的大標題「抽煙、喝酒、打架、跳舞、性愛，屏東青少年問題大。」後，心中感觸良多，想一吐為快。

老實說，屏東青少年的麻煩，比起其他大都市，還算微乎其微，不值得過於大驚小怪，更不可像是世界末日將要來臨似的驚慌失措，應該心平氣和地找出癥結，積極的加以引導，使問題消弭於無形。

譬如學生抽煙，絕大多數出於好奇，如果做父母、老師的，初次發現孩子抽煙，若不經開導，而即予處罰、記過、難堪，等於是要孩子走絕路。

許多父母、老師，禁止孩子不要抽煙、喝酒，自己卻經常在孩子面前吞雲吐霧，酒氣薰人。我曾看過不少的訓導人員，責罰偷抽煙的學生時，自己手上的香煙，卻一支接一支地抽不停。在這種父母、老師薰陶下的孩子，怎麼可能不有樣學樣，陽奉陰違呢？

前明正國中，省潮中校長溫興春先生，早年也是「老煙槍」，在中正國中擔任教務主任時，有位健教老師請假，他去代課，上到「抽煙的害處」時，學生舉手問他：「居然抽煙有害，老師為什麼要抽？」難堪之餘向學生保證，從此戒煙。

我始終覺得：做父母的，如果準時下班回家，忙完了家事後，便上書桌進修充實自己，相信他的孩子自然也會在家讀書，不到外面鬧事，或參加幫派。當老師的，如果時時關心學生，凡事以身作則，處處表現出積極進取的榜樣，學生必然沒有想走歹路的。

（屏東週刊 74.6.23）

整修教室學生滿街跑

開學以來，有一個怪現象。明明是學校上課時間，在市區各角落、馬路上，都可發現學齡兒童到處亂跑。更妙的，各機關學校的公教人員，在上班時，旁邊常有大孩子在陪伴。趨前細看一下，是號稱全縣最大，班級數最多的國小學生，年級是三、四年級。

經過查問了解，原來這所學校，有一排二樓教室，因為年久失修，安全堪慮，所以奉准關閉待修。因而造成教室不敷使用，適學兒童滿街跑的怪現象。

由這件怪現象的發生，使我覺得當今各機關學校主事者，為了要保護自己，推卸責任，常把百姓的福祉，置之腦後，造成了許多人的不便，和無法彌補的損失。

像這所學校，被關閉的樓房教室，「安全堪慮」的判定，相信該不是一朝一夕所覺察得到的吧！為什麼不及早未雨綢繆利用二個多月的暑假來整修？如果兩個月不夠用，工期要延到開學後，主事者使要設法調整教室（如和低年級調整上課），增闢臨時上課場所，最起碼也得使師生正常到校，正常教學。

可是學校主事者，卻不循此道；一道命令，三十幾班的中年級學生，一律上半天課，造成了近二千名學生，有半天該到校上課的時間流浪街頭；讓成千的家庭，為了維護孩子的安全，無心上班，無心外出工作。

主管學校教育的縣政府教育局的官員，不知道在忙些什麼，居然不聞不問。像這種荒廢萬千學子學業，或在該到校上課時間，在外頭或家中，發生了意外禍害，是否可以提出國家賠償，如果你有子女受如此待遇，你該做何感想？

最近幾年，屏東縣府會失和，府會相鬥的結果，受魚池之殃的仍然是老百姓。例如一年多了，忠孝國小最近才見破土，卻遲遲還未動工，五百多個一、二年級的小學童，委委屈屈地擠在原本已擠沙丁魚似的仁愛國小之一隅。他們幾乎看不見陽光，擠不出歡笑。這是誰害他們的，還不是那些爭權奪利，意氣用事的「大人」們所賜給他們的「禮物」。筆者衷心盼望，身負百姓付託的公務人員，及各級民意代表，多為連你也包括在內的「主人」盡心盡力。

（屏東週刊 74.9.29）

專訪銅版畫家——陳國展老師

曾經榮獲中國文藝協會第二十七屆文藝獎章，全中國第一屆民俗畫大獎賽特別獎（北京主辦）的版畫家陳國展老師，今年七月間，又榮獲中華民國版畫協會頒贈的金璽獎。消息見報後，「六堆」文教基金會鍾總幹事永發兄知道我和陳老師是屏師的前後期同學，在屏師附小同過事，交情還算不錯，所以打電話要我去向他祝賀，並作專訪，附帶試探舉辦「六堆名家畫展義賣」的意願。

提起陳國展這一位畫家，幾乎可以說是銅版畫的代名詞。在版畫藝術界，陳國展不僅是南部地區重要的支柱之一，也是全國畫界響叮噹的人物，一向被畫家們所敬重。

陳國展老師生於民國二十六年，是屏東縣竹田鄉的西勢村人，幼年家境清寒，靠工讀及清寒獎學金完成學業。先後就讀屏師附小、屏東工職初級部、屏東師範普通科，中學美術教師檢定及格、師大美術系研習。先後任教於屏師附小、屏榮商工、鶴聲國中等校，去年八月一日提早退休。

陳老師在版畫上的努力和奮鬥是大家有目共睹的；在創作上他利用了許多途徑，參考、學習、吸收了各國藝術家的技法，豐富了本身的創作泉源，也更新了自己的方向。由寫景、寫情的狀態轉而到關懷社會，甚至於全世界的大環境，擴大了自己的胸襟，而獲得了極大的成就。他在國內外共舉辦過個人展十一次，連續獲得全省美展版畫首獎三次，全國美展大獎二次，民國七十一年獲得中華民國畫學會金爵獎、台灣省政府師鐸獎，七十五年得中國文藝協會文藝獎章，七十八年榮獲全中國民俗畫大獎賽特別獎，七十九年獲得屏東縣推展社教有功人員獎，八十二年榮獲屏東縣地方美展版畫功勞獎，今年得版畫協會金璽獎。

陳老師的這些優秀的表現，這麼多的榮耀，真是「六堆」的光彩，足可作為六堆子弟的楷模。所以接到這項任務後，就不敢怠慢地用電話連繫，陳夫人在電話中告訴我說：「陳老師人在巴黎遊學，七月底回台灣，八月初屏師院有開他的課。」不得已，只有等待了。

七月底人是回來了，可是待處理的事情很多，還要忙九月初的美展，忙上師院的課，……忙得他沒多餘的時間接受我的「問口供」(是他說的)。好不容易等到八月底在上台北開畫展的前夕，我如願的在公園路東段的陳國展工作室見到了他。

陳國展在屏師是高我二屆的學長，常一起在網球場上較勁，在屏師附小同事了幾年。

他平日待人親切，說話幽默沒架子，偶爾還有黃事趣聞分享同好。記得，我第一次吃香肉也就是被他設計的。民國五十五年，我在台南師專就讀時，寫了一篇四、五萬字的長篇童話〈小白兔尋師記〉，插圖也就是請陳老師畫的。（可惜當時的「小學生」雜誌、「王子半月刊」先後準備連載時，卻不幸相繼停刊，文圖因而散失。）因為有這些因緣，所以訪問起來，很像老朋友多年不見，是那麼的親切、溫馨。

林：學長！好久不見了，好想念您！耳朵癢不癢？

陳：難怪唷！我最近耳朵老是覺得怪怪的，原來你為了問口供，拚命想我，害得我耳朵怪不舒服的。

林：多年不見，現在一看到您，除了版畫是您正字標記外，在小老弟的印象中，還有四項附帶商標，您知道是什麼嗎？

陳：喔！哪四項？

林：金龜車、打網球、吃狗肉和開胃「黃」腔。

陳：呸！呸！這像哪門的印象？人都當阿公了，還能吃狗肉、開黃腔？至於打網球，為了保持旺盛體力，三、兩天去公園健康一次；那一部一九七三年的金龜車，別小看它，還滿好開的，下個月還要參加在澄清湖舉辦的全國金龜車大展呢！

林：您單身一個人跑到情調浪漫的巴黎，足足泡了一個月，到底搞什麼名堂？可要從實招來。

陳：大人冤枉！這次去法國巴黎，純粹是到巴黎藝術學院研習石版畫及人體素描。在研習之餘，所見所聞，倒頗令我感觸良多。

巴黎的確是浪漫的藝術古都，在那兒看不到工廠，所以沒有噪音、污染，交通井然有序，一個月不曾看到一次大小車禍。巴黎人雖然有多種有色人種混雜在一起，但是不管哪一個人種，大家都相處融洽，待人親切有禮，幾乎看不到爭吵打架的。過去我們總以為日本話最好聽，但是去過巴黎後，我發現法國話比日本話更好聽，因為日本話太矯柔做作，而法國話給人的感覺是真誠懇切。

臨回台灣時，我一直在思索：為什麼有這麼多人種在巴黎一起地生活著，大家相處得那麼和諧而又有朝氣？反觀我們台灣島上，僅有一種黃色人種加上少許的原住民而已，為什麼天天吵吵鬧鬧、你爭我搶的？這是值得大家深思的課題。

林：您回來快一個月了，有沒有想出答案？

陳：以我看這是文化的力量。不論什麼人種，一到巴黎，便能深切的體認巴黎文化，進而認同巴黎文化，與巴黎文化共榮辱。可是，生活在台灣的人，被大家一致認同的文化在哪裡？是怎樣的文化？真令人迷惘。所以我認為：台灣的文化建設實在太迫切、太重要了。

林：恭喜學長，又抱回一個大獎！金璽獎是怎樣性質的獎？

陳：這是為了鼓勵對版畫有卓越貢獻的人而設計的獎，每年選拔一位頒獎。今年我運氣好，風水轉到我家來。頒獎時我在巴黎，是我內人代領的。（陳老師一面解說，一面從櫃櫥裡拿出獎座。我拿起來端詳，底座像玉璽，座上是木雕，形狀像三片鑲在一起的仙人掌葉片，只是漆黑了。）

林：名畫家顧重光曾說：「陳國展是銅版畫的代名詞。」由這句話可看出您對銅版畫的鍾愛，這是什麼力量促使您甘冒硝酸液、一氧化碳、松香粉末及油墨氣的傷害，而追求不捨？

陳：銅版畫之美，在於它的精緻細膩、素雅簡樸，除了有素描般的典雅力道外，又具繪畫般的親和力。而造成這種特質美感的技法，不外乎刻、蝕、磨、雕，操作時卻常因材質與創作手法而有所變化，趣味橫生，令人愛之而願追求不捨。

林：您除了喜愛銅版畫趣味橫生的創作過程外，是受到什麼人的影響，使您一頭栽入銅版畫創作生涯的？

陳：台灣早期的版畫，是從大陸來台前輩的木刻版畫，樸拙單純變化少，引不起年輕人的興趣。我當時接受名畫家張義雄先生指導油畫、素描之餘，興趣觸角開始伸向版畫、設計、水彩方面去了。等到民國六十二年廖修平先生應台灣師大美術系邀請，回國講學，把國外多年研究現代版畫藝術、技法、觀念和新表現傳播於大學，成立版畫工作室於各地。我當時正熱愛銅版畫，第一個響應，在屏東建立了自己的版畫室。承蒙廖教授的厚愛，數度南下到我的工作室傾囊相授，使我有今日的小小成就。

林：人家都說：陳國展的手「巧」，各種美術創作都喜歡嘗試，而且樣樣精通，堪稱多產畫家。是什麼原因促使「整體藝術」對您如此得天獨厚？

陳：我出生於世界戰亂不安的三十年代，童年飽經盟軍轟炸威脅，戰後經濟貧困，以及重建台灣的艱辛時代，自己又成長在生活清苦的家庭。家父常告誡我說：「心巧不如手巧，凡事都要自己動手做。」記得童年時，家父曾教我利用鉛筆心刮炭粉細末來畫汽車、作竹架滑翔機、玩泥巴……這種克難創作的觀念讓我受用不盡，對這段苦日子也能甘之若飴。就因為這種因素帶給我豐沛的題材，及對人世的批判依據，這些往日情懷便像泉水般地湧出流蕩，使我的創作泉源不虞匱乏，這可以說是比別人得天獨厚的原因了。

林：一般人對創作銅版畫的過程卻很陌生，是否可以請您簡單介紹一下？

陳：銅版畫大致可分四類：凹版、凸版、平版、孔版。在製作蝕刻銅版畫時，分工很細，需要長時間從思考、製作草稿、切割銅板、打磨銅版、將草稿畫在銅版上、塗抹防腐蝕液，進入腐蝕液中，反覆取出再浸入修改再製作。版製成之後再開始印製，印製也是要很長的時間來設計，所以製一張畫，少則三個星期，多則一個月，也是滿辛苦的。

林：到目前為止，您的銅版畫作品大致有多少件？其創作類別大概介紹一下好嗎？

陳：到現在大概有近二百件作品。我銅版畫的創作類別大約可分三個部分：

⑴符號部分：是由草書筆法蛻變而來的堅硬線條，各種長條形或塊狀的構成，兼重符號造型與意義的表達，描述與諷諭人生現象和價值觀於形象的符號。例如以橙色為主調，配以少許黃色的「僵局」，用活銹銅條片及鐵片焊接成鋃鐺成串、分崩離析，僵硬中帶著趣味表情的人物，一個醉眼朦朧，一個喋喋不休，顯示人際之間的失和與溝通的困難。

⑵民俗部分：這部分大多屬於門神系列。「門神」原是為避邪而作，所以其表現手法著重古樸、逗趣。武的以「爭辯」，文的以「純喫茶」。「財神」除了避邪之外，還給住家主人一些有趣輕鬆的財富。

⑶生活寫景部分：取材於日常生活中，以常見的事物較為廣泛。這時期的作品，是我由抽象走回寫實，用較複雜的銅蝕方法，三色套印，力求畫面的完美。例如八九年的「那一夜」、九〇年的「柏林」、九一年的「白旗」及「難民營」。

林：七十八年榮獲全中國民俗畫大獎賽特別獎的作品「出巡」，它的特色在那兒？可否解析一下？

陳：名義上是得了這個獎，其實什麼也沒拿到。因為剛好遇到天安門事件，而放棄出席領獎，連獎金人民幣一千元也泡湯了。

「出巡」這一幅作品，在創作時刻意營造出莊嚴肅穆，但又帶些歡樂遊藝氣氛。畫面中威武而怪誕的七爺八爺，開道的迎神行列熱鬧「出巡」，成群的善男信女夾道迎接默禱膜拜自求多福的當兒，畫面正中一隻受到鞭炮所重創的白鴿，正極痛楚無助地掙扎，在左下方一群同類依舊泰然自若的啄食，這種強烈的對比，主要想表現台灣社會目前的狀況。

林：除了銅版畫，油畫也是您的最愛。請問您的油畫創作路程，是如何開創出來的？

陳：打從讀書時代開始，以一幅不透明水彩畫「車廂內」作品獲獎迄今，也已有四十年了。早年承池振周老師啟蒙，後來幸蒙旅法畫家張義雄老師細心、紮實的教導，從此就與藝術創作結了不解之緣。

三十多年前我就開始習作水彩油畫，水彩是屬輕描淡寫極其飄逸美妙的一類；而油畫則是渾厚雄偉而至氣勢壯闊。通常我喜歡親臨田野郊外作現場描述，捕捉當時親身的體會與感受，再將這些珍貴奇妙的氣氛感覺留住，注入自己主觀領悟的看法技法，盡情舒暢的表現在作品裡。像「台北街頭」作品，天橋上下擁擠的人群、配上滿街的汽車，表現出台北市的人潮車潮。人不用上台北街頭，只要看了這幅作品，相信你會如同身歷其境。

林：據說張義雄先生對您特別器重，傳說還有「寶劍贈英雄」的佳話？

陳：「器重」兩字倒不是，只是特別「厚愛」我而已。也沒有什麼「寶劍贈英雄」！只是張老師準備出國之時，把畫室中大部分的教學設備，送給我運回屏東而已，人家就傳說有什麼畫界的「尚方寶劍」送給我。

林：近年來您的油畫轉向鄉村及黃牛的繪畫創作，有沒有特別的原因？

陳：我生長在農村，喜愛鄉村，而牛是農村的象徵。加上我家有四個人是屬牛的，所以對牛有一份特別的眷戀。

林：夫人、孩子們的近況，可否報告一下，讓好朋友們分享府上的美滿、幸福。

陳：內人李玉鳳老師五年前已由建國國小退休，每天除了料理家事、打點我的工作室外，也經常到北部看看孩子，抱抱孫子。老大藝杰從西德漢堡回來後，目前任職於長榮航運公司財務課，負責全公司的財務調度業務。老二軍杰目前在美國伊利諾州，攻讀航空工程博士學位，女兒陳瑩畢業於文化大學藝術系，目前也像我一樣從事藝術創作。其夫婿目前在交通大學擔任環境工程系的教授。

林：大家都說您是「整體藝術」的開發者，除了作畫以外，您還從事哪些藝術？

陳：大家的誇獎愧不敢當，我只是多方面的興趣而已。人家都說我的手「巧」心「粗」，我認為滿有道理。因為「手巧」，舉凡精密製圖、設計、雕塑、絹印等……，只要和美術有關的，我都樂於嘗試創作，譬如屏東救國團西側的浮雕、和平國小正門的「和平百鴿」、高雄市七賢國小的大門，以及正在改建中的屏榮商工正門，都是由我親手設計的。

林：我想起來了，六十九年我當訓導主任時，校運會的各班班旗，就是請您設計絹印的，到現在每年舉辦活動都還在使用，真是美觀、大方、耐用，給後任者省了不少麻煩，可說是一勞永逸。

陳：我絹印的旗子，絕不褪色，質地又好，以美術的角度去設計，所以普遍受到大家好評。

林：您從事藝術工作這麼勞累，在工作室銅版畫製作環境，又對健康有影響，但您除了白頭髮多了一些外，看起來卻紅光滿面，精神奕奕，這有什麼秘訣？

陳：我除了三、兩天到公園網球場流汗一次，又因為心「粗」，凡事不計較、不鑽牛角尖，時時保持心情愉快外，我每天清晨空腹先喝五百CC冷開水，來保持我一天的活力，這是我的秘訣。因為如果飲水不足，就會提早出現皺紋。多飲水可以保持皮膚的彈性，還可沖洗腎臟和消毒肌體的作用。您寫報導時，不妨也順便帶上一筆，讓六堆鄉親也試試看療效如何？

林：您從事美術教育工作三十八年，教過各級學校不同年齡層的成人、青少年及兒童。以藝術工作者的前輩立場，對於有志藝術創作的後進，該有些勗勉的話吧？

陳：有志於藝術創作者，要像一塊海綿，除多讀書、常觀摩、勤研習外，還要行萬里路，常到國外走走，如此才能培養出宏達、開朗、包容的氣度，對作品的意境，會有預想不到的效果。藝術創作不僅要去尋覓題材，更重要的要能「發現」素材；因為有「發現」，才有真正的創作，才能走出屬於自己的創作天地。

林：這次小老弟來拜訪您，除了恭喜您又得獎，報導您的藝術創作歷程外，另外還有一個任務，想徵求您的同意。「六堆」文教基金會的經費來源，完全靠熱心的六堆人士捐贈，每次五萬、十萬，甚至幾十萬的贈款，除了一張收據外，沒有永久紀念性的東西回饋給他們，而感到不安。所以，鍾總幹事永發兄有意舉辦「六堆名家畫展義賣」，一來可籌措經費，二來可使藝術品推廣流傳。不知道學長贊不贊成這項義舉？

陳：我是六堆子弟，在小有成就之時，當然義不容辭要多為「六堆」略盡棉力，共襄盛舉，所以我完全同意這項義賣，並全力配合。

※　　※　　※

走出陳國展老師的工作室，心中想起了美國愛默生的名言：「藝術家必須為自己的藝術而犧牲，就像蜜蜂以刺賭注它的生命。」面對著陳國展老師執著而努力的創作精神，和宗教家的教育熱忱，著實令人感動萬分，這就是所謂的畫品與人品的契合吧！

（「六堆」雜誌　83.10.10）

專訪金穗獎職業得獎人
——邱才彥老師

今年四月初，一連十天的春假期間，屏東藝術館舉辦全縣美展。內人同年級的同事張文光老師也同時同地舉行個人畫展，要我載她去捧個人場，並補充一些精神食糧，所以也就跟著去觀賞一番。

在琳瑯滿目的參展作品中，在攝影展部份，忽然讓我眼睛一亮，發現我老同事、也是我擔任訓導主任時的訓育組長邱才彥老師，居然有水準不錯的攝影作品展出，實在很令人驚訝！因為我所知道的他，一向是拍動態電影的狂熱者，何時又迷上了靜態的攝影？內心的疑惑，真猶如他作品中的「黃山雲霧」。

五月間，「六堆」文教基金會總幹事，也是筆者同鄉鍾永發兄，交代我要多出一點心力，發掘六堆文化人的傑出事蹟，寫一些東西灌溉「六堆」雜誌。當時，心中第一個想寫的，就是被「藝林」界稱為「金穗獎」「職業得獎人」的邱才彥老師。

邱老師原籍竹田鄉美崙村人，美和「棒球之父」徐傍興先生就是他的姑丈。他師範大學國文系畢業後，六十二年曾投效中央電影公司三年，後返縣到山區牡丹國中任教。他六十七年第一部實驗電影「金穗獎」得獎作品「背影」，就是此時拍成。後來任教全縣班級數最多的中正國中，七十六年時轉任省立屏東女中迄今。

也許是一來同事很久沒見面了；二來藝術館的一團「迷惑」很想紓解；三來想早一點給鄉賢永發哥有一個交代。所以在一個較空閒的夜晚，到屏東南清宮附近找到了邱府，也如願拜訪到邱老師。老同事近十年中難得見幾次面，當然先敘舊一番，再進行當晚的任務——專訪。

林：老邱，您一向玩電影的，什麼時候，什麼原因也搞起攝影來了？

邱：其實，我在初中開始就喜歡玩照相機，一直樂此不疲，雖然偶然參加攝影比賽，也曾得些獎，但是只是興趣，好玩而已。到了師大讀書時，休閒活動大多從事拍八厘米的小電影，從此刻意到各處拍照的機會也就不多了。最近幾年，因為出國旅遊的機會多了，所以又挑起我拍照的潛在興致，作品意境隨著年齡增長、歷練加多、領悟力強化而提升不少，藝術館展出的那幾張，相信可以得到印證。不過拍電影我仍然持續著，像最近完成的自編、自導、兼攝影，由台灣電影文化公司出品，十六厘米電影紀錄片「穿藍衫的女人」；正在拍攝的也是由「台影」委託，以台南新化林冬松先生所飼養的台灣獼猴為題材，屬生態保育電影，片名叫作「自然與愛的對話——造訪獼猴爸爸」。

林：藝林界稱讚您為實驗電影金穗獎的「職業得獎人」，這種榮譽是怎麼得到的？最初是什麼原因使您熱衷「實驗電影」？

邱：不好意思，實在太過獎了。也許我運氣好，自從民國六十七年第一部作品「背影」在新聞局第一屆金穗獎中，榮獲了最佳八厘米劇情短片獎以後，連續四年，年年得獎，民國七十年還一口氣連得了三座大獎，因而才有此傳說，真不好意思。

民國六十二年我師大夜間部畢業，便興致勃勃地進入中影公司，中影的工作環境，使我興起了想赴美國南加大學電影的強烈意念。當時申請南加大的入學許可，必須寄出自己的電影作品，這項條件使我開始嘗試拿起電影攝影機，拍小型的電影，後來因為籌不到留學經費而作罷。留在電影界倒讓我深深覺得：如果真的要完成依照本身的理念去拍想拍的電影，除非拍實驗電影，否則夢想是難以實現的。因此，我辭掉了中影的工作，回到屏東一面教書，一面拍自己喜歡的實驗電影。

林：您一再談起「實驗電影」，到底什麼是實驗電影？可否簡單的說明一下？

邱：二十世紀二十年代法國電影作家開始製作有別於正統電影市場出廠的商業電影；無論就美學欣賞角度，和製作條件均有所不同，所謂的「實驗電影」因此而誕生了。這些熱衷於實驗電影創作的電影作家，最主要的目的乃是脫離商業電影的世界，不受拍攝商業電影的種種限制與壓力，企圖以個人的處理方式，去試探電影世界的自我表現。所以，對大多數的實驗電影作家而言，那些實驗電影只不過是種「實習」的過程，以備將來他們一旦參與正統電影攝製時，所需要的技巧和能力，也就越臻完備了。因此，有人開玩笑說：從事實驗電影的作家是電影全才，因為一部實驗電影的完成，必須自己編劇、導演、攝影、配音，外加道具、美工、服裝的製作等等。

林：我是代表「六堆」雜誌來作專訪，相信「六堆」的讀者除了想知道您第一部得獎作品「背影」的劇情外，我認為最想知道的該是「穿藍衫的女人」這一部，可否簡單介紹一下？

邱：「背影」是拍一個鄉村女孩抵達城市中時，在心靈上所產生的極大衝擊。在山間她所見到的爬山背影，是那般的艱辛；在都市的街道、天橋上，她所看到的背影卻是那般的匆忙，並充滿對名利的追求和慾望的沈迷。這兩種背影，因環境地點的差異，兩者的不同，讓女孩產生了激盪性的覺悟。

「穿藍衫的女人」是用十六厘米拍的電影紀錄片，主要介紹十幾位從事各種工作的客家婦女。這些小人物將客家婦女的勤勞精神，表露無遺。片中有揹穀袋的、扛飼料的、載瓦斯的、相夫教子的，……辛勤奔波於田野、各角落的客家婦女。本片的特色，是拍攝時不作刻意安排，採即興攝影，顯得真切寫實。

林：據我所知，您用八厘米拍的「小電影」作品很多，記得民國七十一年我在師大暑期教育研究所進修時，教授「創造思考」課程的老師，要求我們分組創作設計單元活動教材，規定越有創意的，成績給的越高。我們那一組的成員，有二位校長、二位主任，國、高中年輕教師各二位，大家腦力激盪後的點子，都覺得創意性不夠，最後採用我的補充點子——以「小電影」呈現，並派我回屏東向你求援。

當時您很慷慨地拿出剛剪接好，連配音、片名也沒有，拿在手上還覺得溫熱的帶子給我。拿回台北放映給組員觀賞時，大家一面看劇情，還一邊想旁白，一邊用現成音樂配音。我不知道有沒有記錯，劇情是講一位沒人緣的小孩，拿著彈弓，四處找朋友玩，卻沒有孩子想跟他玩；天上有一隻斑鳩，也到處找玩伴，但牠飛到那兒，那兒的鳥群，便四散躲避。最後發現電線桿上有一長排的斑鳩，停在電線上棲息，牠先遠遠的停在另一端，再一步步靠近他們，那種渴望又怕傷害地挨近鳥群的鏡頭，至今印象還滿深刻的。當快要接近時，忽然「咻」的一聲，一粒石彈飛快地從鳥群邊擦身而過，嚇得眾鳥齊飛，只剩下孤鳥和小孩，你看我，我看你，最後斑鳩也落寞的飛向遠方，獨留下小孩呆站那兒。

這部短片放演給班上同學觀賞後，贏得全場喝彩，也得到熱烈迴響和探討。教授的評語是：教材單元頗有創意，劇情深富教育性和哲理感。成績為各組之冠。這真是給師生上了一堂很生動的實驗電影課，大家都非常的感激您。

邱：噢！還有這一段陳年故事，我不太記得了。因為片子太多了，實在記不了那麼多。

林：除了「背影」外，您還有哪幾部得金穗獎？哪一部是您最滿意的？

邱：大概還有「破窗」、「阿米繪先生」、「荒謬的歌」、「我愛迪斯可」、「影酒者」、「請燃燒你的寂寞」和「模」等片。沒有我最滿意的。只能說在拍攝過程中，至今給我印象最深刻的，要算民國七十一年得獎的那一部「荒謬的歌」。片子主要在形式上作一個新實驗，就如同三道菜一起烹調一般，聲音、畫面、字幕敘述不同的故事，三條線作不同格局的發展，表達出荒謬離奇的效果。

在內容上，主要在敘述一位攝影師荒謬的遭遇。一位超脫現實的藝術工作者，將藝術提升至生命之上，片中安排主角在鐵軌上擺放石頭，為想跳樓自殺的女孩調整所站的位置等等，為的是想獲得一幅不朽的作品。最後的作品是來自主角不幸遇害；臨死前，他架好相機，按下自動快門，如此完成他最後一幅作品。

林：據我所知，您除了拍「小電影」外，也拍過公共電影節目，甚至於大部頭的電影，是否可以給讀者介紹一下？

邱：民國七十五年起，公共電視節目盛行，當時我也應邀參與製作。如「小小世界真美麗」的兒童節目，是由我導演。如轟動一時的「童詩童心」十三集兒童教學節目，是由

「屏東週刊」作文班學生及師院徐守濤教授共同演出，在屏東實地拍攝。其他公共電視戲劇節目，如「楊桃樹」是由我編劇、導演；「古厝」則由我導演。

林：「楊桃樹」？這不是國中國文第六冊第十六、七課蘇進強的台灣鄉土小說嗎？兩者之間有沒有關係？

邱：對！這部電影就是根據蘇進強（筆名履彊）的鄉土文學小說改編而成的。演出者是由知名演員加上業餘演員，內行、外行合作演出的公共電視戲劇節目。貴校（中正國中）的邱光雄老師，在戲裡也擔綱演出。這部外景全在屏東拍攝，主場就在中正國中校區內的古厝。由於演員的演技水準高超，所以處理起來得心應手，整部影片無論是影像的設計，或是對白的安排，都著重溫馨與趣味，曾在公視頻道播出二次，頗獲好評。

林：藝術工作的特色是要不斷的嘗試、創新，在您的作品中，這方面有沒有值得一提的？

邱：在我的作品中，幾乎沒有兩部作品風格相似的，我所以如此，就是想多嘗試不同的路線，不讓自己停滯不前。例如七十七年拍攝的十六厘米的電影紀錄片「關山落日」（台影文化公司出品），純以音樂來詮釋太陽，在關山從日出至日落的整個過程。除了將關山的落日全力美化外，整片皆以音樂取代旁白的角色，以音樂來敘述關山的故事，這可以算是滿新的嘗試吧！

林：恕我冒昧的請您想一想，您個人的電影作品風格和特色在哪兒好嗎？

邱：嘻……這要從哪兒說呢？如果我的作品可以稱得上有風格、有特色的話，我想我創作的風格，常與人性的衝突、矛盾、荒謬有關。因為我自認為這類作品更易於發揮我的創作情感，也同時更易於獲得觀賞者的共鳴。

至於特色方面，也許因為我從小生長在農村，在鄉下長大，所以作品充滿了濃郁的地方色彩，醇厚的鄉土風味。此外，影片中的音效，也是特色之一。因為我偏愛藉著聲音來表現影片的主題和情感。因此，有人曾開玩笑說：「如果把邱才彥影片中的聲音部分拿掉，那剩下的只是廢片一個而已。」

林：除了旅遊頻繁，使您又一頭鑽進攝影藝術的原因外，其他還有沒有更現實的原因？

邱：電影是綜合藝術，尤其是大部頭的電影，不是少數幾個人可完成的。因為科技的突飛猛進，攝影器材的日新月異，機種和功能的改善翻新，像我這個可以說是電影界業餘的「個體戶」（未組公司），如果想趕上潮流，便要常常更換動輒就要一、二百萬的攝影機，在經濟上實在無法負擔。假使將就一點，使用買沒多久，但已屬落伍的機種來拍，儘管劇情、技巧多高明，但是影像的品質，總是多少會覺得在當時不是最好的。所以每當有企劃或受託要拍電影時，只得往高雄租用新機種，為了節省一些龐大的租金（每日近萬元）

開銷，本來要一個月才能拍好的，便不得不緊湊的、不眠不休的在十天中趕工殺青，那種工作壓力，局外人是很難想像的。

可是拍照就不同了，只要擁有一部不賴的，得心應手的心愛相機，一旦遇到心動的美鏡頭，抓起相機就如願拍照，相機攜帶起來又方便太多了。更遺憾的，在南部從事電影藝術工作的同好不多，尤其屏東，幾乎缺少互相切磋的機會。但攝影藝術的愛好者，卻是比比皆是，去年我們還成立了「原寫實攝影俱樂部」，每週大家集會一次，共同切磋技術，共同分享成果。

林：您多年從事實驗電影和藝術攝影，兩者在性質上到底有什麼不同？

邱：實驗電影最大的特性是從事有關電影內容、技巧、形式等的實驗。也就是將電影史上前所未有的表達方式，拿來嘗試，若效果不錯，就值得發表出來。近年來，許多創意廣告，實濫觴於實驗電影。

影片與相片攝影不同之處，相片是在最具意義的時機按下快門；影片則將此意義動感化、多元化。

照相要懂光圈、速度、景象的運用，拍攝藝術性的作品則還要注意構圖、角度、色調等美學知識及特殊技巧等。

拍攝影片除以上要點外，須具有編導、剪輯之理念及技術。影片一秒鐘二十四格，鏡頭是連續性的，鏡頭的排列組合類似於漫畫，分鏡技巧決定影片的流暢與否。而演員的表演及劇情的設計，直接影響影片的整體內涵。

林：攝影藝術流派很多，您的作品可歸屬哪一類？

邱：攝影藝術大致可分為三派：攝影大師郎靜山的作品屬於「畫意」派；歐美攝影作品傾向「沙龍」派；而我和我的同好，所追求的是「寫實」派。

一般攝影家經常在追求影像美感時，忽略了真實的情境，拍出來的作品往往是「扭曲的寫實」。譬如，為了要求背景的單純化，將主題壓縮或移位，甚至改變時空，終使主題真面目盡失。反過來說，如不考慮美學因素，則樸拙粗糙的影像，難為欣賞者認同。所以一群有此體認的同好，大家都很認同「真實的醜」，而成立一個美其名叫「原寫實攝影俱樂部」，希望有更多的人能接受這種表達方式，讓真實的回歸真實，因為真實重於美醜，你說對不對？

林：在美展的會場上，您同時展出兩張黃山、洛磯山等山的作品，看起來無論表現手法、展現的意境都迥然不同，可否請您解說一番好嗎？

邱：我拍攝黃山時，是以單調的黑白色，來表達黃山的輕靈曼妙及工巧的輪廓；以較慢的速度讓雲煙呈現塗抹般的畫意效果。也配合高感度底片，及多層次沖印系列，以成就較粗的質感。企圖能在迷濛多變、虛無縹緲中，及時抓住最美的畫面。你端詳體會後，有沒有如此感受？

至於加拿大的洛磯山脈氣勢豪邁，卻迥異於黃山之柔美高妙。洛磯山形態粗獷、雄偉豪壯、平板無華。所以用低感度底片來拍攝，相信可以獲致較細緻的作品，加上湖水清澈見底，能將山水的色調從柔和統一中解析開來。只要細細品味，湖水的波紋線條，所呈現出的美感，實在令人記憶深刻，回味無窮。

林：前些日子我在報紙上，看到您得到文建會舉辦的舞台劇本創作獎。想不到您也寫起舞台劇本了？

邱：在屏東女中學生社團活動項目中，有一個「話劇社」，是由我擔任指導老師，每學期至少演出一次。有時現成的劇本欠缺或不合用時，通常都由我來編寫，但是每次演完了就隨便扔了。今年文建會公開徵求舞台劇劇本時，剛好我編導的「夏日最後的杜鵑」一劇正在公演，我抱著姑且試試看的心態，投稿應徵，沒想到竟然得到佳作獎，獎金還拿到八萬元呢！這實在是義務指導、奉獻「話劇社」的最佳獻禮。

林：時候不早了，也耽誤了您太多寶貴的時間。最後我想請教您兩個問題：一是您從事影劇工作二十幾年中，什麼事讓您感到最苦惱的？二是您的家庭生活，可否介紹透露一些？

邱：二十幾年影劇生涯中，最讓我苦惱的事，是用生命、青春所拍攝出來的一、二百部珍貴影片，因為南台灣的氣候、濕氣，不利於影片的保存，雖然我用盡各種方法，但是影片的壽命，仍然從未停止受殘害。這種苦惱，相信其他同好多少也會有，誠懇的盼望政府能重視此問題，儘快的成立「珍貴影片博物館」，好為後代子孫保存一些有價值的文化資產。

從事電影工作的人，一旦投入，便會忘了家，這是大家都很清楚的。所以多年來如果我有一點成績表現的話，這全要歸功我有個賢內助——林如璲老師。她一面在省立旗美高中教書，一面把三個孩子的家，照顧得那麼好，使我沒有後顧之憂。長女恒娉現就讀中正國中一年級，雙胞胎兄弟中成、中鎮，則就讀屏師附小五年級。姊弟們還算聽話乖巧，成績還算不錯，家庭可以說很美滿。託大家的福，謝謝！

（「六堆」雜誌　83. 8. 15）

憶記早年擔任教務主任的溫興春校長

溫國策顧問是大人物，要日理萬機，我不想驚動他、專訪他，所以求其次去拜託跟隨他多年的鍾祕書，想從他那兒收集一些可寫的資料。可惜幾次下來，都因為他忙得團團轉，每次都失望空手而返，所以不得不改變寫作方式，以和他共事多年的平凡小故事，來襯托出他不平凡的人生。

民國五十七年四月我通過中等教師檢定考試，當年八月開始實施九年國民義務教育，需要大批的國中教師。透過時任中正初級中學訓育組長的鄉賢永發哥的介紹，順利的拿到中正的草聘。當時的校長是楊嵩山先生，暑假過後和潮州國中的柯文福校長互調。

柯文福校長是國民黨刻意栽培準備接替張豐緒縣長的人選，所以除了全校動員辦好學校教育，提高升學率，爭取校際競賽榮譽外，大部分的時間都在外頭做公關，學校放手讓幹部分層負責，整個學校的機制則由時任教務主任的溫興春先生一肩挑起。

我報到的第一天，溫主任便叫我擔任初中部三年甲班的導師，並兼任訓育組長（永發哥改任教學組長），要我全力以赴，別丟客家人的臉。

溫主任辦學一向採取強勢領導，要求學校同仁工作認真，做好自己份內的事情。如果教學不力，或怠忽職守時，便給予不客氣的糾正或責備。例如有一對夫婦同在中正任教，有次月考為了使班上總成績平均拉高，竟然洩題舞弊，後來東窗事發，只得請他倆學期結束時離校。

一般說來，學校裡學生最怕的是管理組長或訓導主任，可是當時學生最怕的卻是溫主任。因為全校師生都知道溫主任管教學生嚴格，做事一絲不苟，哪一個人犯錯被他逮到，要受「揪耳朵」的處罰，其味道實在不好受。他偏愛巡堂，只要公事辦完，不管上課、下課，他喜歡在校園內不聲不響地走動。上課睡覺、不認真聽講；下課調皮搗蛋、或服裝不整，只要被他發現，「吊耳朵」的酷刑，就有得受了。因此，當時中正的學風真是有夠令人懷念，讓人津津樂道。

溫主任雖然對老師的要求幾近嚴厲，但是也有他溫馨的一面，只要老師教學認真，工作努力，他對老師是非常尊敬、客氣。當時溫主任家養了上萬隻的生蛋雞，全家的開銷大概全靠養雞的利潤，溫主任的薪水幾乎沒拿回家，全用來請客、應酬，有時不夠用，還常常從家中「扒」出來貼補。因此，辦公室裡常常有雞蛋吃，每週的行政會報，或一個月一次的導師會報，常常在自來水廠旁的溫宅召開，開完會便招待吃一餐。這樣的餐會開多了，大伙兒很覺得過意不去，所以開完會便常藉故家裡還有事，一個個溜了，結果滿桌的菜，沒幾個人留下來享用。好客的溫主任夫婦當知道箇中原因後，便不再辦餐會，只得另外動腦筋想出其他請客的方式。

有一次月考，試題出得不但艱深而且怪異，我班上的高才生張振平，有一題填充題答不出來，臨交卷前很情緒化的填上「王八蛋」三個字。那時的月考是集中交換閱卷，當閱卷老師發現時，很生氣的交給溫主任處理。溫主任很不高興的把我叫去，準備記大過一次，我請求先讓我了解後再記。後來調查得知，張生家住在崁頂，爸爸當警察，一個禮拜難得見一次面，媽媽體弱多病，唯一的哥哥讀雄中，一週只回家一次，因此在家乏人關心，雖然每次考試都得獎，但是沒人重視。那天心情不佳，又遇到這種怪題目，一時情緒失控，莫名其妙的寫上這三個字，事後很後悔。我把這情形告訴溫主任，並要張生保證不再犯錯後，才免除了記過處分。後來張生經過我的激勵關懷，當年（五十八年）屏東區高中聯考還勇奪了狀元。事後我把這件往事告訴溫主任，他一連說了好幾次的「好加再」，還拿出了一個大紅包給他作獎學金。

過去的中小學校長的遴選和派任，都是屬於縣市長的權限。自從實施九年國民義務教育後，這種權限就被省教育廳收回，並建立一套遴選甄試辦法。記得第一期校長甄試，溫主任的好友，當時擔任長治國中校長的黃進華先生，一再的慫恿他，並半勸半逼的硬拉他去報名，還收集了許多應考的參考資料和書籍，給他臨陣填鴨、惡補。考試當天，溫主任硬著頭皮，趕鴨子上架似的被押到台中應考。回來時，大家很關心的問東問西，他卻一臉生氣的回答說：「阿婆生子，哪會有指望！」

「為什麼？」

「人家口試只問五分鐘，便眉開眼笑的走出試場；而我卻被足足逼問了半小時，說我換了這麼多學校，調整這麼多不同的職務，一定是和校長、同事不和，或者工作不力……等不近情理的問題，氣得我當場和口試官吵了起來。『士可殺，不可辱。』校長可以不當，人卻不能不做。所以我頭也不回的提著行李打道回府。想想看，在這種情形下，我還能考上校長嗎？」

第二天放榜結果，溫主任真的沒金榜題名。隔年，第二期國中校長甄試，溫主任學乖了，脾氣也變得溫順多了，校長的寶座也就被他坐上了。當年是被分派到高雄縣籌辦鳳西國中，從那時起，主任生涯便劃上完美的句點。現在的鳳西國中所以如此出名，是他當年辛苦打下的基礎。

凡是認識溫校長的人，相信都有一個共同的印象：他外表看起來嚴肅而不苟言笑，做人戇直不善甜言蜜語。所以不了解他的人，很自然的都會「敬而遠之而不敢親近」。其實，只要和他真誠相待，日子久了，他也會表現出赤子之心所衍生出來的率性和幽默的一面。

早年他在中正國中當教務主任，尚未開車代步前，騎的是重型載貨型的機車。每當騎上機車時的「帥」勁，不會輸給時下年輕小伙子。有一次，大家無事閒聊時，他稍稍得意忘形的說：「有一天一大早，我從我家（水源地邊）騎到麟洛派出所前，算一算有六公里多，我只花了五分鐘就到了。」你看！那時候的溫主任，有多「飆」悍！

我進中正的第二年，經朋友介紹認識了我現在的太太——余琇珠老師，交往幾個月後，覺得兩情相悅，便開始談起婚嫁，可是準岳父母大人始終不肯點頭，認為他們的獨生女沒眼光，這麼多有方帽子、家世很好的男孩子不要，偏偏愛上我這位當時只有師專學歷的窮小子。在無計可施之餘，才不得不把和我岳父同是養雞協會會員，交情不錯的溫主任夫婦抬出來，替我美言、保證之後，才准我倆走上紅毯的另一端。就是因為這個因緣，溫校長在各種場合，每次看到我的孩子時，都不會忘記說句：「如果沒有我，你爸爸、媽媽就不會生下妳唷！」害得我每一次都得花上好多的口水，向睜大著眼珠子的孩子解說一番。

溫校長當教務主任時代的點點滴滴，多得不能一一詳述，此文只是截取一些印象比較深刻的部份，給六堆鄉親們開開胃而已。往後如果溫國策顧問哪天有空，也願意讓我替他撰寫專訪時，再好好的、隆重的寫他、讀他。

（「六堆」雜誌　第61期　86.6.1）

為教育事業鞠躬盡瘁 死而後已的黃進華校長

在上一篇的文章裡，筆者談到總統府國策顧問溫興春先生當年參加國中校長甄試，曾受到當時擔任長治國中校長黃進華先生，半勸半逼趕鴨子上架的往事時，勾起了更多有關黃校長過去種種令人懷念的故事。也點醒我該為這位終身為朋友、為學子、為學校、為教育事業鞠躬盡瘁、死而後已的老長官寫點東西，好讓更多的六堆鄉親懷念他。

黃校長民國十六年一月十六日出生在高雄縣杉林鄉，小學讀月眉公學校，中學讀屏東農校，後來自己苦學，考上台灣師範大學生物系。三十八年畢業，回到屏東農校任教，並兼任教學組長。五十年八月美和中學成立，受到地方人士的再三敦促，和溫興春先生連袂投效美和，溫先生擔任教導主任，而黃先生做副手，擔任教導組長，日以繼夜，不眠不休的為創校奠定了良好的基礎。

次年八月，杉林鄉的地方父老，以「人才返鄉服務」的崇高理由，硬把進華先生拉回杉林。當時的杉林中學是旗山中學的分部，全校只有七班，教室破破爛爛，校地位在糖廠的河壩地甘蔗園內，每年雨季洪水一來，校地便流失不少。杉林鄉共有七村，三村閩南人，四村是客家人。鄉民看到杉林分部這麼荒涼，讓子弟入學的興趣便沒了。大部份的閩南人和少部分的客家人，都越區就讀旗中。黃校長一到任，便挽起袖子，捲高褲腳，開始打拚。一面向上級爭取經費，規劃校區，築堤造壩，購買土地，興建校舍。一面回農校透過過去所建立的良好關係，免費要到大量的樹苗，來美化學校。沒幾年，學校便在黃校長苦心擘畫下，煥然一新。越區的學生也慢慢回流，增加到十五班之多。

六十年二月，黃校長榮調長治國中，當時的長治國中是由沒落的初級中學改制為國中的，校園雖大，但卻荒蕪；校舍雖多，但間間破舊，教室的門窗玻璃，幾乎找不到一扇完整的。尤其是教職員宿舍，遇到天空落雨，外面下大雨，屋內下小雨，地上泥濘；積水盈尺，學校四周遍植香蕉樹，東倒西歪、七零八落，住校老師家家戶戶不是養豬，便是養雞鴨，因為學校排水系統缺少規劃，所以一雨幾乎成災，校園既髒又臭。長年來造成當地的居民對學校沒向心力，學區學生大半越區到屏東市的明正、中正就讀。

校長交接那天，當護送黃校長的車隊在校門口停下來時，有一大群穿著明正國中制服的學生，從學校附近的復興、德協村騎著車有說有笑的通過校門口，去屏東上學，看在大家眼裡，心中很不是滋味。一條腸仔透屎窟的溫興春校長好像很看不慣的說：「老黃啊！

看到沒?他們向你示威吔!長治需要好好整頓，想辦法把他們的心拉回來。」一直追隨黃校長擔任總務主任的陳飲賢鄉親說：「時間雖然已經過了二十六年，但是那件事、那句話在當時給人的震撼實在不小，如果黃校長還在世的話，相信他一定比我還記得。」

黃校長就是基於這個使命感，所以又趕緊捲起褲腳，開始他那「篳路藍縷、慘淡擘畫、不眠不休」的打拚精神。打通排水溝、清除香蕉園、修理粉刷校舍、重新規劃校園，把年久失修的老師們住的日本宿舍，徹底整修翻新，使長治國中上上下下帶來一股新氣象。

六十一年底縣長選舉，國民黨提名中正國中校長柯文福先生。柯校長看到黃校長為人正直、待人誠懇；做事認真、有條不紊，尤其是案上作業書面計畫更是一流，所以敦聘黃校長為競選總部的總幹事。那時，我擔任學校的訓育組長，偶爾會奉命寫些新聞稿交到競選總部，就是因為這種機緣而認識了黃校長。

六十二年初的寒假，柯校長順利當選縣長離開中正。柯縣長向教育廳推薦黃校長接掌中正國中。我猶記得：二月十五日才正式發令，還沒辦交接，第二天是星期日，他一個人拿著記事簿，走遍了全校每一個角落。他一面走一面看；一會兒沉思，一會兒猛寫記事本。那天日落西山時分，我馳騁在學校的網球場上，他的巡視行程剛好輪到操場，我們站在球場邊聊起來。我們談學校、談教育、談學生，也談到我的學業。那時，我正在高雄師院國文系夜間部三年級就讀，他為了讓我有較多的時間專心學業，准我辭去兼職。

柯校長屬雄才大略型，領導風格只重大原則，不重視細節，學校的事務採取完全授權、分層負責。辦學的理想是全力打響學校知名度，提高升學力，爭取校際競賽榮譽；對內則激勵學生專心學業，培養高尚氣質，達成「男生像紳士，女生像淑女」的學風。在任四年半來，的確把「中正」的名號打響了，「中正」的地位被社會、家長所肯定。

就是因為柯校長外務較多，因此校內應興應革、該建該修的硬體規劃，就沒有那麼在意。所以當時的中正國中，學生素質是一流，可是校園環境卻是不入流，黃校長接掌中正，剛好可以發揮他的長才，現在想來，柯縣長所以會推薦黃校長是有他的道理在。

黃校長一上任，第一先把雜草叢生的中庭，設計成漂亮的各種幾何圖型，鋪上軟綿綿、綠油油的朝鮮草皮；把蓬頭垢面的樹木，修剪得整齊有致，像國中大樓前的一排榕樹，平頭寬臉，校門進來二旁的樹福樂圓冰棒型，以及校門二扇圍牆內的雲狀榕樹，也是他的傑作。目前校園各角落的大樹、大王椰子，尤其是種遍全校的可可椰子，都是當年屏東大力推廣種植時，免費要來種植的。那時，每當黃昏師生們都喜歡走到中庭，或坐或躺在綠草如茵的草皮上，邊看雲邊詠詩誦詞，其樂無比。許多參觀過校園的來賓，都異口同聲的讚嘆說：「這是我參觀過許多學校後，校園規劃最美的學校之一。」

中正國中的校地，在創校之初，是由田寮庄的水田上逐步收購填土建起來的。所以地勢低窪，校地狹窄，一雨便成水鄉澤國。尤其是學生上下學的唯一道路——田寮巷，不但窄小，而且還是泥沙路，當時的校門，就是現在的後門，每天的上下學，是師生最痛苦的事。黃校長接任後，迫不及待的建請市公所拓寬田寮巷，整修路旁雜草叢生的爛泥巴水溝，並鋪上柏油。更積極的撙節各項開支，省下部分經費，作為三對等的建設基金，購買現在的運動場校地，闢建民學路的大校門，三百公尺運動場、多用途司令台，以及兼作看台的工藝教室，接著又蓋了一棟三層的音樂、美術、理化實驗及視聽教室的科學大樓。於是學校的整個建設藍圖，就在他手下克勤克儉的方式大致完成。

民國六十八年，黃校長有鑒於三千多位師生，每次集會、週會、典禮、辦大型活動，都得在大操場上日曬雨淋，沒有室內的大型活動場所，對師生來說是一種虐待、酷刑，所以又興起另一個興建計畫，蓋一幢可容納全校師生的綜合活動中心。據說，這是全縣國中第一個有勇氣興建如此大卡司的校長。

年底，興建計畫、經費都已有著落後，便開始動工蓋在校門進來的東邊空地。不到一年，基礎工程、房屋粗體接近完工時；黃校長因為長年的過度勞累，身體略感不比以前那麼硬朗，容易覺得疲勞，尤其牙齒好端端的偶爾會從牙縫裡沁出血絲來。關心他的朋友、老師都勸他到大醫院徹底檢查。他總是說：「沒關係，大概是不小心得了一點小感冒，待會兒去打打針，拿個藥吃吃就沒事了。」了解他的人心裡都很清楚：真正的原因是他心裡放不下學校、學生，以及正在進行的工程。

六十九年暑假，黃校長拗不過在三軍總醫院當護士的女兒再三勸駕，北上住院體檢。檢查結果，真是青天霹靂，居然得了白血球過少症的「血癌」。住院期間，我當時擔任訓導主任，趁著帶領學生到台北比賽的機會，抽空帶著幾位老師及學生代表去醫院看他。因為這種病人的抵抗力弱，怕受到外在的感染，校長只指定我一個人進去見他。記得當時他的頭髮已經掉光，臉色蒼白，說話有點有氣無力，才沒幾個月，黃校長一向硬朗的身體，已經不復存在，看在眼中，內心實在有無限的悲痛。我強忍著淚水，勸他一切放心養病，學校我們會更用心經營。但是，他還是念念不忘學校、學生，以及老師們。臨別前，他又把我叫住說：「林主任，八年來我虧待老師們很多，為了要多建設學校，一直要求老師們跟我一樣省吃儉用，該享受的待遇通通都享受不到。回去以後，有機會可要代表我向他們致歉，也告訴陳主任，今後各種比賽、活動，老師們該有的獎勵、餐點，可不能再省了。」黃校長在病中，終於悟出了一個道理：苦了一輩子，苦出一場病，實在不甘心！

在一群國中校長中，黃校長的節儉吃苦是出了名的。記得有一次午息時間，學生安頓好了以後，校長和我各自回到辦公室準備用午餐。忽然我想到一件急事要和校長商量，走進校長室他正好打開夫人每天為他準備的便當，我好奇的用眼睛瞄了一下。天呀！小小的便當盒裡，下層是米飯，上層幾乎都是空心菜，只加上幾根竹筍肉絲而已。當醫生分析不出黃校長發病的原因時，我心裡曾暗忖：營養不夠好，可能是原因之一，因為他每天超量工作、精力透支、過於勞累，而累出病來的。

黃校長的病，在中西醫及家人、親友、同事的多方照顧下，一度漸有起色，白血球略有增加，頭頂也重新長出少許的毛髮。這時候，病房裡的孤寂無聊，又使他按捺不住，吵著要回學校。醫師拗不過他的決定，只得讓他出院，再三叮嚀他別太勞累、按時服藥，小心感冒，定時回院復檢。七十年的寒假過後的第二學期，黃校長便真的經常戴著鴨嘴帽、口罩回校上班了。

上班不到二個月，他的健康實在承受不了工作壓力，而累出重感冒，不得不又回到醫院，沒多久病情加重，很不幸的在五月十六日蒙上帝寵召，與世長辭。喪事都是親朋好友自動自發出面料理，尤其出殯那天，都沒有假手葬儀社，連抬棺、護棺都是由昔日的好友、同事擔任，筆者也是八位抬棺者之一。可見黃校長生前對朋友、同事的有情有義和照顧，令人捨不得他的辭世。

說到對朋友的照顧，只要認識他的人，沒有一個不豎起拇指說讚！就以筆者來說，當初他准我辭去兼職而專心學業，我內心已感激不盡。可是，在他心中好像虧欠我什麼似的，時時想要補償我。六十四年暑假，我高師院畢業，有位六堆鄉親考上校長，分派到滿州國中，請黃校長代為物色一位教務主任隨他上任。黃校長推薦我去，我和內人商量，當時兩個孩子幼小，一個上小學一年級，另一個上幼稚園，每天上下學需要我接送，因此只得婉謝了。隔年，黃校長又來找我，說台東縣教育局需要一位聘任督學，他認為我適合擔任這個職位，要我馬上考慮決定，因為爭取的人選不少。我生性喜歡安定，不喜歡離鄉背井，內人剛好又生下老三，實在不忍心讓她一個人獨撐三個孩子的家，於是又再度婉拒。

六十八年七月初，剛放暑假的某個下午，忽然接到黃校長的電話，要我馬上到校長室一談。一見面劈頭便說：「二度請你幫忙，你都推辭說不願離家太遠，現在我想請你擔任本校的訓導主任，該不會再有理由推辭了吧！」突如其來的任命，害我愣住了良久，過了一會兒才醒過來說：「很感激校長的器重，只是現在我不能馬上答應，因為訓導工作是全天候的奉獻，必須先要得到內人的諒解。」「當然，你可以回去和夫人商量，也代我請她多包涵包涵。」黃校長不只對這位沒什麼因緣關係的我是如此有情有義，據我觀察，對其他人也是如此，這就是他做人最成功，最令人欽佩的地方。

自從當了訓導主任以後，朝夕共事之下，才真正了解黃校長的領導風格。他處理校務，事無巨細，事必躬親；上級交代的任務，必全力以赴，漂亮出擊，達到完美地步才休息。在他手下做事，的確非常辛苦，需要具備「固特異」輪胎的三大特點：耐磨、耐久、耐壓等「三耐」。如果少了一耐，那只得說：「拜拜了！」有一次剛接任不久，一、二年級第七節下課放學，看完了交通，身上淋了一身雨，擔心感冒，所以直接返家沖個熱水澡，換件衣服，電話就追到家來找人，要我趕快返校繼續接受三耐。

擔任訓導主任二年，每天放學，校長在時，是我們二人送走最後一位離校的學生，校長不在時，則是由我獨「享」了。我擔任國文科巡迴輔導工作，走遍全縣各國中及本省六縣市，還未曾發現有那位校長像他這樣「刻薄」自己的。這種為學校、為學生的精神，實在可作為校長們的典範。

學校的一草一木幾乎是進華校長栽種的，一磚一瓦對黃校長來說，都有濃濃的感情。所以，他對隨便踩草皮、破壞公物的學生很反感。有一天中午，學生都已經安靜的坐在教室用餐時，我回到辦公室正打開便當盒，才扒了一口飯，校長氣急敗壞的從三樓把我叫到二樓走廊，我以為有什麼大事發生，結果他老兄卻指著幾個在中庭追逐踩到草皮的學生吼叫說：「快把那幾位學生抓到訓導處，好好的教訓一下。」只是很可惜的，自從黃校長走了，我也遞出了辭呈，之後換了四位新校長，就沒有看到一位校長曾替黃校長珍惜過草皮的，如果黃校長地下有知，相信會難過不已。

為了紀念這位終身為教育事業鞠躬盡瘁，死而後已的黃進華校長，在他死後遺留下來尚未完成的大工程——綜合活動中心，二年後繼任的呂見達校長勉力把它完工時，我們這些舊時的老同事便極力的向有關方面，爭取定名為「進華堂」，好讓日後進入中正國中的師生，在使用進華堂時，由口中開始感念這位一輩子克勤克儉，為教育無怨無悔奉獻出生命的黃進華先生。如果黃校長在地下有知，聽到這麼多人常常念著他的名字，相信應該會感到安慰吧！

（「六堆」雜誌 第62期 86. 8. 1）

「六堆」的天文、氣象活字典
——梁睦祥老師

八十三年七月間，千載難逢的彗星撞木星的奇觀，造成全球燃起一陣天文熱。很可惜的，六堆地區的民眾，卻無福從高倍望遠鏡或天文台中觀賞此奇觀，而成為奇觀的缺席者。

過去，每年的中秋節，或遇到如哈雷彗星等天文奇觀時，六堆地區唯一的天文台——屏東師院附小天象館，都會開放給民眾觀賞。可是，今年因為負責的老師在師院暑期部進修，未能開放給屏東地區的民眾，錯失了觀測的機會，使對天象有興趣的人士，大失所望。難怪有許多報紙，紛紛提出批評，並愈發懷念以前負責天氣館，如今已經退休的梁睦祥老師了。

梁老師原籍是高樹人，師範畢業以後，一直在師院附小任教，便一直住在屏東市。在附小服務滿四十四年後，於八十年八月一日在訓導主任的職位下，光榮的退休。據他的同事告訴我，梁老師退休的當天，那種盛大的歡送場面，真是令人感動。全體師生還贈送給梁老師禮物，包括了金質紀念牌、項鍊、電風扇、戒子、匾額，以及鮮花八束。當時熱淚盈眶的場面，真是難得一見的風光。

梁老師是我二十多年前在附小任教時的老同事，他待人和睦親切，熱心助人。尤其對我愛護備至，在教學上、做人上常常指點我，是我的良師益友。梁老師退休後，在北部和二公子建國一家人住在一起，含貽弄孫。寒暑假才返屏小住。若不是彗星撞木星的事見報，我還不知道能不能有這次當面請益的機會。

梁老師平時教學熱心積極，他不是「等事情做」的人，而是「找事情做」的人。所以才有滿書房的獎狀、獎牌、獎杯，真是琳瑯滿目。據統計：得教育部獎十一次；教育廳獎七次；縣府獎二十二次。記功四次、嘉獎四十九次，所獲得的獎金不下二十萬元。

梁老師專長複式及自然科教學。自民國三十七年至五十六年擔任三、四年級複式班級任老師，其間擔任正式演示教學五十四次，供師範生以及國教同仁觀摩，並撰寫教學心得發表於各種教育刊物上，對於複式教學的推廣不遺餘力。

五十六年八月起，梁老師專任自然科科主任兼實驗研究組長，從此一面教學，一面利用課餘帶領兒童從事科學實驗，其實驗研究成果參加全縣中小學科展，共計獲得十三次的第一名，第二名三次，佳作六次。參加全國科展榮獲二次第一名，二次第二名，佳作五次。在當時是科展的響叮噹人物。

六十四年起梁老師在校內協助推動成立簡易天文台、天象館及氣象台，除了輔導屏師專學生的教學外，並輔導附近各級學校及社會人士共一萬四千多人，對天文教學的成效，貢獻頗大。

七十一年五月梁老師將平日教學心得，有關天文知識部分輯錄二百題，以問答方式編寫成「天文常識二百題」做為國民教育輔導叢書。七十七年五月又撰編「氣象常識三百題」，配合豐富的資料和圖片介紹氣象常識，對國小天文氣象之教學研究，產生了深遠的影響。也因為上述二本著作，分別得到教育部科學教師研究著作獎各三萬元的獎金。

俗話說：「一分耕耘，一分收穫。」梁老師四十四年來默默的耕耘，並沒有被忽視。四十六年九月因服務成績優異，獲得當時教育部長張其昀的獎狀和獎金參佰元；六十六年九月獲得師鐸獎殊榮；六十八年獲得教育部頒中小學科學教師特殊貢獻甲等獎，獎金八仟元；七十年參加科展表現優異，獲台灣省教育廳推薦為教育部長獎；七十一年度科學教師美、日考察團員，赴美、日考察二十四天；七十五年擔任公共電視「童詩童心」節目，天文知識教學部份，播映足足四分鐘；七十九年教師節被列入杏壇芬芳錄第十二輯，接受省主席連戰的表揚。每次獲得殊榮，梁老師總是謙虛的說：「我和別人一樣，在自己的崗位上盡了我應盡的力量，只是我的運氣比較好而已。」

梁老師有一個美滿的家庭，夫人梁邱桂女士，相夫教子，勤儉持家。長女麗香，現任教高雄市，大公子治國是俄亥俄州大學的測量學博士，目前在美國太空工程界服務。

梁老師退休後，除了看書研究外，還潛心研究佛學參禪。常到各地佛堂，以「根據近代天文學來印證佛說的緣起緣滅、無常論及佛的世界觀」為題，作專題演講，廣受佛教信徒的尊敬。

（「六堆」雜誌 83.10.10）

後記

余琇珠

外子林瑞景老師，出生在日本殖民統治時期，成長求學時，已經改朝換代了。步入社會、從事教育工作後，時時不忘把日常生活中的大小事情，透過縝密的思維，據實報導抒發，並且投稿發表在報章雜誌上。經過一甲子的歲月，如今回顧再讀，喚起一幕幕埋藏腦海中的陳年舊事，內心深處有許許多多的感慨和感動。

在各輯的篇章中，從昔日學生求學、學校行政措施、教育制度的變遷、老師的教學，以及平民百姓的生活中，可以看到許多純樸、踏實、守分的感人事蹟，使人看了以後為之動容哽咽；更體認到：生活在民主自由進步飛速的台灣鄉親們，要時時有知福、惜福、感謝、感恩的心和行動。

在採訪報導篇中，人物專訪的前輩們，大都已是花甲老人，其中進華校長還已仙逝多年，但他們年輕時候，在自己的崗位上，堅忍執著的盡心努力，發揮所長，為自己生長的故鄉和鄉親，留下最珍貴的資產，他們不求回報，默默奉獻的精神，是現代新新人類的青少年們學習的最佳榜樣，也是二十一世紀的現代人，要了解台灣由戒嚴時期走到民主自由社會的變遷，以及教育制度的種種變革，這本「教育百樂達」是值得您一看再看的最好見證。

國家圖書館出版品預行編目資料

教育百樂達：見證近半世紀台灣教育的雪泥鴻爪／林瑞景著. -- 初版. -- 臺北市：萬卷樓, 2006[民 95]

面；　　公分

ISBN 957－739－560－0 (平裝)

1. 教育－文集

520.7　　95002804

教育百樂達

—見證近半世紀台灣教育的雪泥鴻爪

著　　者：林瑞景

發 行 人：許素真

出 版 者：萬卷樓圖書股份有限公司

臺北市羅斯福路二段 41 號 6 樓之 3

電話(02)23216565・23952992

傳真(02)23944113

劃撥帳號 15624015

出版登記證：新聞局局版臺業字第 5655 號

網　　址：http://www.wanjuan.com.tw

E－mail　：wanjuan@tpts5.seed.net.tw

承印廠商：晟齊實業有限公司

定　　價：340 元

出版日期：2006 年 3 月初版

ISBN 957－739－560－0